C.H.BECK ■ WISSEN

in der Beck'schen Reihe

Venedig war im Laufe seiner Geschichte viel mehr als die Stadt der Träume und des Todes, als die es heute bekannt ist. Lange Zeit war es ein Staat mit einer einzigartigen republikanischen Verfassung, für die es überall in Europa bewundert wurde. Auf dem Höhepunkt seiner Entfaltung gehörten zu diesem Staat große Gebiete Oberitaliens, Inseln in der Adria und der Ägäis, aber auch die großen Mittelmeerinseln Zypern und Kreta. Der Handel hatte Venedig reich und bedeutend gemacht, und die regen Beziehungen zum Orient spiegelten sich auch in der venezianischen Kunst und Architektur, die der Stadt bis heute ihren fremden Reiz verleihen. Arne Karsten bietet in diesem Band einen glänzenden Überblick über die Geschichte der Stadt und des Staates Venedig.

Arne Karsten ist Junior-Professor für Geschichte der Frühen Neuzeit an der Bergischen Universität Wuppertal. Bei C.H.Beck sind von ihm erschienen: *Bernini. Der Schöpfer des barocken Rom* (2006) und *Kleine Geschichte Venedigs* (2008).

Arne Karsten

GESCHICHTE VENEDIGS

Verlag C.H.Beck

Mit 12 Abbildungen und 2 Karten

Originalausgabe
© Verlag C.H.Beck oHG, München 2012
Satz: Fotosatz Amann, Aichstetten
Druck und Bindung: Druckerei C.H.Beck, Nördlingen
Umschlagabbildung: Der geflügelte Markus-Löwe an der
Torre dell'Orologio, Venedig, Piazza San Marco,
© S. Borisov/Shutterstock
Umschlagentwurf: Uwe Göbel, München
Printed in Germany
ISBN 978 3 406 63815 2

www.beck.de

Inhalt

Einleitung

Das Bild ging um die Welt: Am 4. November 1966 stand der Markus-Platz in Venedig fast zwei Meter unter Wasser (Abb. 1). Auch wenn die Stadt in der Lagune seit jeher mit Überschwemmungen vertraut ist – so bedrohlich, so zerstörerisch hatte sich ihr Lebenselement seit Menschengedenken nicht mehr gegen sie gewandt. Die Katastrophe löste eine Welle internationaler Solidarität aus, die bemerkenswerterweise auch dann noch vorhielt, als die unmittelbaren Folgen der Katastrophe längst beseitigt waren, und die bis heute Bestand hat. Längst zählt die Lagunenstadt zum «Weltkulturerbe der Menschheit», und eine Vielzahl von italienischen und internationalen Institutionen hat sich der Bewahrung dieses einzigartigen Erbes verschrieben.

Denn Venedig ist mehr denn je nicht nur eine faszinierende, sondern auch eine in höchstem Maße gefährdete Stadt. Wer diese Gefährdung verstehen will, tut gut daran, Venedig als historisch gewachsenes Gebilde verstehen zu lernen, seine Geschichte zu kennen, die zugleich die Geschichte eines Staates ist, dessen Haupt die Stadt bis zum Jahr 1797 war. Er sollte zurückschauen und nach den Gründen fragen, die zur Besiedelung eines so unfreundlichen Lebensraums wie der Lagune führten; nach den Voraussetzungen, die dieser Siedlung zum Erfolg verhalfen; nach dem Bild, das Venedig zu seinen Glanzzeiten von sich selbst pflegte und zugleich den vielen Fremden bot; nach den Ursachen von Verfall und Untergang der Republik Venedig; und schließlich nach dem weiteren Schicksal einer Stadt, die sich im 19. und 20. Jahrhundert von der selbstbewussten Hauptstadt eines Seereichs zur Touristenmetropole wandelte.

Dies alles soll im Folgenden geschehen, in der Form eines knappen Überblicks, der versuchen will, die Zusammenhänge zwischen politischen und religiösen, wirtschaftlichen und gesellschaftlichen, künstlerischen und kulturellen Entwicklungen in den Blick zu nehmen. Sein Ziel ist es, die Geschichte Venedigs in ihren wesentlichen Grundzügen zu skizzieren und gleichzeitig durch diesen Blick auf die Vergangenheit die Faszination zu erklären, welche die Stadt in der Lagune auch und gerade auf unsere Gegenwart weiterhin ausübt. Venedig gilt heute gemeinhin als die Stadt der Träume – und als die Stadt des Todes, in jedem Fall aber als «unnormal», fremd, irritierend, verzaubernd, bedrohlich.

Insofern lässt sich Venedig nicht zum wenigsten als ein Gegenentwurf zum Prinzip der Effizienzmaximierung, zum Modernisierungsglauben der Gegenwart verstehen. Wer Venedig zu einer zeitgemäßen Stadt machen wollte, müsste es zerstören, und zwar in einer viel fundamentaleren Weise als die übrigen Städte des alten Europa, denn er müsste das Wasser vertreiben und damit Venedigs Lebenselement. Die Omnipräsenz des Wassers, des dem Menschen als Landwesen fremden Elements, sorgt dafür, dass wir in Venedig noch heute Lebenserfahrungen unserer Vorfahren aus dem Mittelalter und der Frühen Neuzeit machen können, wie sie uns andernorts längst verwehrt sind: so die Erfahrung der Langsamkeit, die der Mensch macht, wenn er keine technischen Hilfsmittel zur Fortbewegung hat; die Erfahrung der Begrenztheit und Kostbarkeit des öffentlichen Raumes, da, wo dieser Raum mühselig dem Wasser abgerungen werden muss; die Erfahrung der Vergangenheit im dichtgedrängten Nebeneinander von Gebäuden aus den verschiedensten Epochen, planlos ineinander gewachsen, unauflöslich ineinander verschachtelt; und schließlich: die Erfahrung, dass das Leben, allen menschlich-allzumenschlichen Bemühungen um Sicherheit zum Trotz, nur in sehr engen Grenzen plan- und kontrollierbar ist. Alle Anstrengungen der Venezianer, ihre Stadt durch Gesetze und Gemeinsinn zum allgemeinen Nutzen zu gestalten, fanden ihre Grenzen im unberechenbaren Widerstand der Naturgewalt Wasser, wie jeder Venedig-Besucher sogleich erfährt, wenn er sich wenige Minuten nach dem Verlassen der Touristen-Highways im Gewirr der gekrümmten Gassen heillos verlaufen hat. Venedig, die irrationale Stadt: Vielleicht ist es gerade dieser Aspekt venezianischer Wirklichkeit, der heutzutage

1   Der überschwemmte Markus-Platz während des Hochwassers 1966

am intensivsten empfunden wird – als Irritation und Beruhigung gleichermaßen.

Venedig, die irrationale Stadt – beim Blick zurück in die Geschichte wüsste man gern, was wohl die Venezianer vergangener Tage zu diesem Urteil über ihr Gemeinwesen gesagt hätten. Denn was aus heutiger Perspektive als ein einzigartiges Relikt aus vormoderner Zeit erscheint, als ein aus Stein und Wasser gemischter Protest gegen die Allmachtsphantasien eines technizistischen Fortschrittsglaubens, das war zu den Glanzzeiten Venedigs, und zwar keineswegs nur in den Augen seiner Bewohner, sondern in denjenigen ganz Europas, geradezu ein Ausbund an rational gestaltender menschlicher Klugheit. Der

Handel hatte Venedig reich und bedeutend gemacht, und die
venezianischen Händler, die im hohen Mittelalter einen Großteil des Warenaustauschs zwischen dem Abendland und dem
Orient kontrollierten, sie galten nachgerade als Inkarnation des
kühl kalkulierenden Kaufmanns, dessen Tun nicht so sehr von
Glaubensüberzeugungen und Ehrvorstellungen, sondern vor
allem von nüchternen Berechnungen des zu erwartenden Profits
geleitet war.

Diese planende menschliche Vernunft schien auch der politischen Verfassung jenes Staates zugrunde zu liegen, der Venedig
lange Zeit, vom Hochmittelalter bis zum Ende der Republik
1797, ebenfalls war. Ein Staat, zu dem auf dem Höhepunkt seiner Entfaltung in der zweiten Hälfte des 15. Jahrhunderts große
Gebiete Oberitaliens gehörten: das heutige Veneto, Teile der
Lombardei, Friaul, weite Abschnitte der dalmatinischen Küste,
dazu kleinere Inseln in der Adria und der Ägäis, aber auch die
großen Mittelmeerinseln Zypern und Kreta. Ein Staat, in dem
knapp drei Millionen Menschen lebten, gelenkt und geleitet von
Venedig aus. Dort hatte sich über die Jahrhunderte hinweg eine
Verfassung herausgebildet, die der Stadt und dem von ihr beherrschten Staat eine erstaunliche Stabilität gewährte und für
die Venedig in ganz Europa bewundert wurde. Dies bestärkte
die Venezianer in der Überzeugung, dass ihre Verfassung als die
schlechterdings perfekte Leistung menschlicher Vernunft zu
preisen sei und sich das Zusammenleben der Menschen nicht
gedeihlicher gestalten lasse, als durch eben diese Verfassung.

Nein, «Irrationalität» ist zweifellos derjenige Begriff, der einem Menschen im frühneuzeitlichen Europa, er sei Venezianer
oder nicht, zu allerletzt in den Sinn gekommen wäre, hätte er
Assoziationen zu «Venedig» bilden sollen. Wenn wir Heutigen
den Begriff umgekehrt als so überaus naheliegend empfinden,
so bietet diese irritierende Diskrepanz Gelegenheit, auf den Ver-
änderungscharakter aller historischen Prozesse hinzuweisen.
Venedig, die Stadt der Träume und des Todes, war vor 500 Jahren nicht weniger berühmt als heute, aber es war für vollkommen andere Dinge berühmt. Geträumt wurden damals an der
Lagune die hartherzigen Träume kalt rechnender Kaufleute und

Bankiers von Reichtum und Macht; und der «Tod in Venedig» ereilte nicht etwa schönheitstrunkene Literaten am Strand des Lido, sondern Verbrecher und Verschwörer gegen die Macht der Serenissima, die auf Befehl der venezianischen Behörden des Nachts in aller Stille in der Lagune ertränkt wurden. Der strahlende Glanz, mit dem die Stadt ihre Besucher blendete, er war erkauft mit einer zielstrebigen und oftmals skrupellosen Machtpolitik, die aus einem unbedeutenden Fischernest am Nordrand der Adria eine europäische Großmacht werden ließ. Dieser staunenerregende Aufstieg aber nahm Jahrhunderte in Anspruch.

I. Der Aufstieg (Von der Spätantike bis 1204)

Die Siedlung im Sumpf

Die Anfänge Venedigs liegen im Dunkeln, und dieses Dunkel ist in doppeltem Sinne zu verstehen. Sie liegen in ferner Vergangenheit, und doch wüssten wir paradoxerweise mehr über sie, wenn sie noch weiter zurücklägen. Anders als die allermeisten Städte Italiens nämlich wurde die eigenartige Stadt im Wasser nicht in der Antike gegründet, sondern entstand in jener Zeit nach dem Untergang des Weströmischen Reichs und der antiken Zivilisation, welche die Historiker die «dunklen Jahrhunderte» nennen. Wir wissen wenig über die zweite Hälfte des 1. christlichen Jahrtausends, und wir wissen wenig über die Anfänge, besser wohl: die Vorgeschichte Venedigs. Denn die Festlandbewohner, die in der zweiten Hälfte des 6. Jahrhunderts n. Chr. damit begannen, die Lagune als Lebensraum zu entdecken, siedelten zumeist nicht dort, wo sich das heutige Venedig befindet, sondern an anderen Stellen.

Sie kamen nicht freiwillig, denn sie waren Flüchtlinge vor germanischen Eroberern aus dem Norden. Der Einfall der Langobarden in Norditalien im Jahre 568 bereitete der kurzzeitig gelungenen Eroberung der Apenninenhalbinsel unter dem oströmischen Kaiser Justinian (527–565) ein Ende. Er beendete auch dessen Pläne zur Wiederherstellung des alten Imperiums in West und Ost von Konstantinopel aus, und zwar definitiv, wie sich erweisen sollte. Denn die rustikalen Besucher aus dem Norden blieben auf Dauer und etablierten ein eigenes langobardisches Königtum, das gut 200 Jahre Bestand haben sollte. Seefahrer aber waren die Langobarden nicht und wurden es auch nicht. So entwickelte sich ein einigermaßen erträgliches Nebeneinander in Italien: Im Landesinneren des Nordens und der Mitte herrschten die Langobarden, der Süden dagegen und die östlichen Küstenregionen bis hinauf an den Nordrand der Adria gehörten weiterhin zum Oströmischen Reich mit dem Kaiser im fernen Byzanz, dessen Herrschaft über die westlichen Provinzen durch seine Flotte gesichert wurde.

Der höchste politische Vertreter des Kaisers in Oberitalien war ein Exarch mit Sitz in Ravenna, zu dieser Zeit eine der bedeutendsten Städte Europas. Im 5. Jahrhundert war sie sogar Regierungssitz der letzten weströmischen Imperatoren gewesen, und auch wenn deren Macht damals schon in voller Auflösung begriffen war, so blieb Ravenna doch einiges an Glanz und Ruhm. Auch wirtschaftlich spielte es eine wichtige Rolle, denn die Stadt lag in dieser Zeit noch am Wasser einer Lagune, ähnlich derjenigen von Venedig – wie sich überhaupt im Nordwesten der Adria ein ganzes System von Lagunen ausgebildet hatte. Es waren empfindliche, höchst labile Lebensräume von sozusagen amphibischer Natur, gleichermaßen bedroht durch Sedimentierung von der Landseite und Erosion durch das Meer. Die perfekt geschützten Häfen in solchen Lagunen boten der Handelsschifffahrt jedoch ausgezeichnete Bedingungen, und so erklärt sich das Aufblühen verschiedener Städte in dieser Region, unter denen Venedig zu den späteren gehörte. Etwas nördlich von Venedig lag eine weitere Lagune mit einer weiteren großen, bedeutenden Handelsstadt namens Aquileia. In der Spätantike hatte sie zu den größten Städten des Imperiums gezählt, und im Zuge der Christianisierung des Römischen Reichs war sie sogar zum Sitz eines Patriarchen geworden; davon zeugt bis in die Gegenwart ein gewaltiger Dom, der in der heutigen Kleinstadt allerdings seltsam überdimensioniert wirkt. Aquileia fiel schließlich der Versandung seiner Lagune zum Opfer, und mit dem Niedergang des Handels schrumpfte auch die Bevölkerung.

Die adriatische Lagunenlandschaft bot ihren Bewohnern also zwar Schutz vor den germanischen Eroberern und hervorragende Voraussetzungen für den Seehandel; und in einer Epoche, in der Warenaustausch über große Entfernungen fast ausschließlich auf dem Wasser stattfand, stellte das einen unschätzbaren Vorteil dar. Zugleich aber war dieser Lebensraum überaus unsicher. Gewiss war das Leben der Menschen im Mittelalter überall in Europa von Naturgewalten bedroht, und der Kampf gegen diese prägte den Alltag in einem heute kaum mehr vorstellbaren Maße. Doch in nur wenigen Regionen wies dieser Kampf so dramatische Züge auf, waren die Folgen menschlichen Scheiterns so fatal wie in den Lagunen. Nicht nur das Schicksal Ravennas und Aquileias legt davon beredtes Zeugnis ab, sondern auch die Geschicke einiger Siedlungen in der Lagune von Venedig.

Lange Zeit war Venedig keineswegs die wichtigste dieser Siedlungen. Ab der Mitte des 7. Jahrhunderts befand sich der Hauptsitz der byzantinischen Verwaltung in der Lagunenlandschaft im später untergegangenen Eraclea, benannt nach dem oströmischen Kaiser Herakleios (610–641). Mitte des 8. Jahrhunderts verlegte man dieses Verwaltungszentrum dann nach Malamocco, heute nur mehr ein Dörfchen auf dem Lidostrand. Ein Stück weit im Norden des heutigen Venedig entwickelte sich vor allem Torcello zu einem noch im 11. Jahrhundert blühenden Handelszentrum, wovon wie im Falle Aquileias bis heute eine eindrucksvolle Kirche zeugt – eines der wenigen erhaltenen Beispiele für die byzantinisch-venezianische Sakralbaukunst des Mittelalters (Abb. 2). Torcellos Niedergang aber begann nicht allein durch die Versandung des Hafens, sondern vor allem durch vermehrten Süßwasserzufluss vom Festland, der die Wachstumsbedingungen des Schilfröhrichts verbesserte, einer bevorzugten Brutstätte der Malaria-Mücke. Die durch sie übertragene Krankheit war über die Jahrhunderte hinweg im gesamten Lagunengebiet verbreitet, nahm aber in Torcello schließlich so überhand, dass sie der Siedlung zum Verhängnis wurde.

Will man die Geschichte Venedigs verstehen, so ist es wichtig, sich das Schicksal all dieser Vorgänger und Konkurrenten in Erinnerung zu rufen. Der Lebensraum der Lagune barg eine Vielzahl von Gefahren in sich, die es sorgsam im Auge zu behalten galt, gegen die man so früh wie möglich energisch intervenieren musste und die allein durch gemeinsame Aktivität in den Griff zu bekommen waren. Nicht nur die Stadt Venedig – das gesamte Leben in der Lagune kann als einzigartiges Kunstwerk betrachtet werden. Fragt man danach, wie aus ärmlichen Fischern auf den Laguneninseln märchenhaft reiche Kaufleute wurden, wie eine schäbige Siedlung im Sumpf zu einer europäischen

2 Die Kathedrale von Torcello, um 1000

Großmacht aufsteigen konnte, so sollte man sich vor Augen führen, dass die Venezianer im Kampf gegen die Bedrohungen ihres Lebensraums Eigenschaften entwickeln mussten, für die sie in den Glanzzeiten der Serenissima in ganz Europa gleichermaßen berühmt und berüchtigt wurden: eine vorbehaltlose Identifikation mit ihrem Gemeinwesen und eine rücksichtslose Härte, mit der sie dessen Interessen vertraten.

Mit Blick auf die politischen Ereignisse und Entwicklungen in der Frühzeit Venedigs ist nochmals auf den eminent dunklen Charakter der Zeitläufte bis ins 10. Jahrhundert hinzuweisen. Was wir von den Anfängen der Stadt wissen, wissen wir aus Berichten, die viel später entstanden. Unsere älteste erzählende Quelle, die der Geschichte Venedigs gewidmet ist, stammt aus der Feder eines Diakons namens Johannes, der um das Jahr 1000 herum eine «Istoria Veneticorum», eine «Geschichte der Venezianer», verfasst hat. In älteren Quellen finden sich hin und wieder einzelne Hinweise auf die Bewohner der Lagune, und einiges lässt sich durch Ausgrabungen und archäologische Funde rekonstruieren, etwa die Gestalt und Bedeutung der bereits erwähnten Siedlung Eraclea. Doch bewegen wir uns in jedem Fall auf schwankendem Boden, wenn wir versuchen, die frühe Geschichte Venedigs zu begreifen. Immerhin, die Grundzüge, die für die Entwicklung der Stadt und die Weltsicht ihrer Bewohner langfristig prägend waren, lassen sich mit hinreichender Klarheit ausmachen.

Da ist zunächst die Tatsache, dass Venedig seine Geschichte als byzantinische Provinzstadt begann. Eine solche sollte es auch über Jahrhunderte hinweg bleiben, und dieser Sachverhalt war folgenreich. Wenn uns Venedig, als italienische Stadt, heute gewissermaßen als Urgrund westeuropäischer Kultur erscheint, so handelt es sich bei dieser Vorstellung um die «Überschreibung» einer Tradition, bei der spätere Entwicklungen eine ursprüngliche Situation zwar verdecken und verdunkeln, aber nicht gänzlich vergessen machen können. Venedig wird eine abendländische Stadt erst ab dem 15. Jahrhundert. Sie wird es nur langsam, nach und nach, und ganz konsequent ist sie es bis in die Gegenwart nicht geworden. Der Zauber der Stadt, der den Besucher noch heute ergreift, rührt auch aus der immer wieder durchschimmernden morgenländischen Tradition, wie sie in einzelnen Gebäuden, am eindrucksvollsten in San Marco, zu erkennen ist. Auch der venezianische Dialekt enthält bis heute eine Vielzahl von griechischen Lehnwörtern. Bis ins Spätmittelalter hinein orientierten sich die Venezianer wirtschaftlich, politisch und kulturell nicht nach Westen, nicht zum italienischen Festland, sondern nach Osten, nach Konstantinopel und der Levante, auch wenn die politische Bindung im Laufe der Zeit schwächer wurde.

Denn das gewaltige Oströmische Reich verlor nach und nach seine italienischen Besitzungen, wie es überhaupt einem langfristigen Erosionsprozess unterworfen war, der mit seinem endgültigen Untergang durch die Eroberung Konstantinopels 1453 endete. Nicht dass der Verfallsprozess kontinuierlich verlaufen wäre. Immer wieder gab es Phasen der Stabilisierung, der Gegenoffensiven und Zukunftshoffnungen. Und so brauchte es auch Jahrhunderte, bis die Lagunenbewohner sich endgültig aus der direkten Abhängigkeit von den oströmischen Imperatoren gelöst hatten, denen sie ihre Steuern zu zahlen hatten und durch deren Beamte sie regiert wurden. Seit etwa 700 n. Chr. stand an der Spitze der Beamtenschaft ein *dux*, aus dem später der Doge werden sollte.

Ein wichtiges Ereignis im Rahmen dieses langsamen Emanzipationsprozesses stellte der Untergang des Langobardenreiches im Jahr 774 nach der Eroberung Norditaliens durch Karl den Großen dar. Mit dem Frankenreich nämlich etablierte sich auf der Apenninenhalbinsel an Stelle der kaum noch expansiven Langobardenkönige ein ernsthafter Konkurrent zu Byzanz um die Herrschaft auch in den Küstenregionen. Zumal Karl der Große seit der Kaiserkrönung im Jahre 800 wie die oströmischen Kaiser die Würde eines Nachfolgers der antiken Imperatoren für sich reklamieren konnte. Die Folgen dieser Konkurrenz bestanden nicht zuletzt darin, dass sich schon bald unter den Einwohnern der Lagunensiedlungen eine profränkische und eine probyzantinische Partei gegenüberstanden. Zunächst scheinen die Anhänger des Frankenreichs die Oberhand gewonnen zu haben, doch eine byzantinische Flotte erzwang 810 die Loyalität der alten Untertanen. Ihr Erscheinen sollte sich allerdings als der letzte Versuch Konstantinopels erweisen, auf militärischem Weg aktive Politik in der nördlichen Adria zu betreiben. Ein Versuch von Karls Sohn Pippin, die Lagunenlandschaft gewaltsam in Besitz zu nehmen, scheiterte, hatte aber zur Folge, dass der Amtssitz des Dogen aus Malamocco in das besser zu verteidigende Innere der Lagune verlegt wurde, genauer gesagt: auf eine kleine Inselgruppe, die man als «rivus altus» (hohes Ufer) bezeichnete, woraus im Laufe der Zeiten «Rialto» wurde. Ein erster Dogensitz entstand, und aus diesem Siedlungskern sollte sich schließlich das heutige Venedig entwickeln. Nach den Unruhen zu Beginn des 9. Jahrhunderts stand die Siedlung zwar weiterhin unter formaler Oberherrschaft Ostroms, erfreute sich aber in der Realität einer weitgehenden Unabhängigkeit.

Allerdings sollten wir uns hüten, die Bedeutung dieser Unabhängigkeit, überhaupt die Bedeutung dieser Siedlung am Rialto in der Frühzeit zu überschätzen. Vom zukünftigen Glanz der reichen Handelsmetropole war zur Zeit Karls des Großen noch nicht das Geringste zu erahnen. Die Bewohner der Lagune fristeten ihr Dasein vor allem als Händler mit Salz und Fisch, den einzigen Gütern, die ihre sonst so lebensfeindliche Umwelt reichlich bereithielt. Der Fernhandel mit Luxusgütern, der in späterer Zeit die Grundlage von Venedigs Macht und Wohlstand bilden sollte, spielte demgegenüber noch kaum eine Rolle, vor allem deshalb, weil es in der archaischen Agrargesellschaft des frühmittelalterlichen Europas weder Bedarf noch die notwendigen Produktionsüberschüsse für den Handel mit solchen Luxusgütern gab. Der Aufbruch Europas in die Moderne, in dessen Verlauf die Venezianer vom Anstieg der landwirtschaftlichen Produktivität ebenso wie von einer wachsenden Bevölkerung und einer zunehmenden Mobilität so sehr profitieren sollten, dieser Aufbruch setzte erst um das Jahr 1000 ein.

Eine Stadt und ihr Heiliger

Zu den Voraussetzungen für den Aufschwung, den die Siedlung am *rivus altus* nach der Verlegung des Dogensitzes dorthin nahm und der sie schließlich alle Konkurrenten in der Lagunenlandschaft weit überflügeln ließ, gehört ein Faktor, der aus heutiger Sicht einigermaßen fremd wirkt, der jedoch im Mittelalter eine kaum zu überschätzende Bedeutung besaß und deswegen eine genauere Schilderung verdient. Gemeint ist der vielleicht berühmteste und folgenreichste Reliquienraub des in diesem Bereich an spektakulären Ereignissen nicht armen Mittelalters, nämlich der Raub der Gebeine des heiligen Markus.

Diese befanden sich im ägyptischen Alexandria, wo sie seit langem das Objekt frommer Verehrung waren. Nach der Eroberung Nordafrikas durch die Muslime im Laufe des 7. Jahrhunderts war jedoch der Zugang zu ihnen für die Christen bedroht. Ja – und hier setzt die Legende vom Transfer der Reliquien ein – die heiligen Knochen selbst gerieten in Gefahr, als der Kalif von Alexandria beschloss, sich einen neuen Palast errichten zu lassen; denn er befahl, dafür christliche Kirchen abzureißen, um auf diese Weise an marmorne Säulen zu gelangen. Das begab sich zu der Zeit, als Giustiniano Partecipazio (827–829)

Doge von Venedig war. In der Chronik des Dogen Andrea Dandolo (1343–1354) fand die Schilderung der Ereignisse aus einer lang vergangenen Epoche ihre geradezu klassische Ausformung: «Eben zu dieser Zeit hielten sich in Alexandria zwei vornehme venezianische Kaufherren auf, (...) Bonus aus Malamocco und Rusticus aus Torcello (...), die in diese Kirche (des hl. Markus) kamen und die anwesenden beiden Geistlichen, den Mönch Stauracius und den Priester Theodor, zwei Griechen, in tiefer Sorge fanden. Sie fragten sie nach der Ursache und erfuhren von dem Befehl des Kalifen. Da sagten die Venezianer: ‹Der kostbare Schatz, den ihr in eurer Kirche besitzt, ist in großer Gefahr, von den Sarazenen entweiht und misshandelt zu werden. Übergebt ihn uns, und wir werden ihn so, wie es sich gebührt, zu ehren wissen. (...)› Überzeugt durch die Argumente der Venezianer, willigten am Ende die beiden Geistlichen ein, doch musste zunächst die Wachsamkeit sowohl der Christen Alexandrias als auch der sarazenischen Zollbeamten überwunden werden. Die Christen wurden durch eine List der Venezianer und ihrer beiden griechischen Verbündeten hinters Licht geführt, indem man in das Grab des Evangelisten einen anderen heiligen Leib legte, während man die Zöllner dadurch täuschte, dass Bonus und Rusticus im oberen Teil der Kiste, welche die Reliquie aufgenommen hatte, Schinken und Schweinefleisch aufschichteten, das bekanntlich für die Sarazenen wie für die Juden ein Gegenstand des Abscheus ist. Als nun die Kiste an der Zollstation geöffnet wurde, riefen die Zöllner ‹Kanzir, Kanzir› (‹Schwein, Schwein›), was wohl ein Ausdruck des Abscheus ist, und fertigten die Ladung ohne Weiteres ab. Glücklich brachten Bonus und Rusticus ihren Schatz nach Venedig.» (Zit. nach Rösch, Venedig im Spätmittelalter, S. 15)

Soweit der Kern einer über die Jahrhunderte immer weiter ausgeschmückten und mit sinnträchtigen Einzelheiten ergänzten Legende, deren Wahrheitsgehalt wir guten Gewissens dahingestellt sein lassen können. Wessen Knochen es auch immer waren, die im 9. Jahrhundert nach Venedig gelangten, entscheidend ist, dass die Venezianer felsenfest daran glaubten, es mit den Gebeinen des Evangelisten zu tun zu haben. So begannen sie mit dem Bau einer Kirche, die der Verehrung des heiligen Markus diente und die sich zusammen mit dem daneben gelegenen Dogensitz schon bald zum politisch-religiösen Zentrum der Stadt entwickelte. Nach Bränden im späten 10. und in der ersten Hälfte des 11. Jahrhunderts wurde sie mit unerhörter Pracht neu errichtet. Charakteristisch ist, dass die Kirche mit den Markus-Reliquien nicht etwa einem geistlichen Würdenträger, sondern als Teil des Regierungspalastes dem Dogen unterstand, ja, geradezu als «Kapelle des Dogen» galt. In Rom diente Sankt Peter als Kultort für den Heiligen, auf den sich Amt und Herrschaftsansprüche der Päpste gründeten, dem Zweck, diesem Amt eine architektonisch sinnfällige Legitimation zu verschaffen. In vergleichbarer Weise lässt sich die Markuskirche Venedigs als steinerne Basis für die religiöse Legitimierung des Dogenamtes und mittelbar des venezianischen Gemeinschaftsbewusstseins verstehen. Und wie der Besucher in der Kuppel des Petersdoms die Einsetzungsworte Christi, auf die sich die Päpste berufen, in monumentalen Lettern geschrieben findet («Tu es Petrus, et super hanc petram aedificabo ecclesiam meam»), so kann er in San Marco die ehrwürdige Geschichte vom frommen Reliquienklau in allen Etappen als leicht verständliche Bildergeschichte auf prächtigen Mosaiken bestaunen (Abb. 3).

Im Laufe der Zeit verschmolzen Venedig und sein wichtigster Heiliger zu einer Einheit, die alle Lebensbereiche umfasste. Im Namen von San Marco wurden Verträge geschlossen, ihm unterwarfen sich von Venedig besiegte Städte und Staaten. Sein Symboltier, der geflügelte Löwe mit dem aufgeschlagenen Buch und den Worten «Pax tibi Marce, evangelista meus», «Friede sei mit Dir, Markus, mein Evangelist», verbreitete sich als Motiv auf venezianischen Münzen im gesamten Mittelmeerraum – ungeachtet des Spotts späterer Humanisten, die sich über das falsche Latein des «evangelista meus» mokierten. Eigentlich müssten die Buchseiten die Worte «mi evangelista» zeigen, doch das focht die venezianischen Kaufleute nicht an. Dienst am Staat, das war in Venedig zugleich Dienst am heiligen Markus, war dadurch Gottesdienst, und die Identifikation der Stadt mit ihrem Hauptheiligen ging so weit, dass man sich in ganz

3   Die Tribunen Bonus und Rusticus bergen die Markus-Reliquien in Alexandria,
Mosaik im Markus-Dom von Venedig, 12. Jh.

Europa daran gewöhnte, schlicht von «San Marco» zu spre-
chen, wenn man die Republik Venedig meinte. Das war ungewöhnlich. Auch die Florentiner, um nur ein Beispiel zu nennen,
verehrten ihren himmlischen Schutzpatron, Johannes den Täu-
fer, mit Inbrunst – und doch kam niemand auf die Idee, «San
Giovanni» zu sagen, wenn er die Stadt am Arno meinte. Im Falle Venedigs war das anders – ein Zeichen auch für das außeror-
dentlich hohe Maß an Identifikation der Bürger mit ihrer Stadt
und deren Symbolen.

Auf dem Weg zur Unabhängigkeit

Ab dem 9. Jahrhundert lassen sich deutliche Anzeichen für eine
wachsende Autonomie der Gemeinde am *rivus altus* ausmachen. Die Oberhoheit der oströmischen Kaiser besaß mehr und
mehr nur noch formalen Charakter, obwohl Konstantinopel in
der zweiten Hälfte des 10. Jahrhunderts unter der sogenannten
makedonischen Dynastie, besonders während der langen Herrschaft Basileios' II. (976–1025), beeindruckende Erfolge in der

Abwehr seiner Feinde gelangen. Dennoch wird durch die Politik und nicht zuletzt durch den Beinamen Basileios' II. – «Bulgaroktonos», «der Bulgarentöter» – das Grundproblem deutlich, mit dem die Herrscher am Bosporus zu kämpfen hatten, nämlich die geostrategische Lage ihres Reiches zwischen mehreren expansionslüsternen Nachbarn: den Seldschuken im Osten, den Bulgaren im Westen und den Sarazenen in Süditalien, wo die byzantinischen Besitzungen Stück für Stück verloren gingen. Dieser Prozess beschleunigte sich noch, als im 11. Jahrhundert normannische Freibeuter auf Sizilien landeten und sich dort erfolgreich an der Gründung eines eigenen Königreichs versuchten, das sie sehr bald schon auf byzantinische Kosten auszudehnen strebten.

Unter diesen Umständen mochte man in Konstantinopel gegenüber den Untertanen im Norden der Adria keine Politik der starken Hand riskieren, denn was man am wenigsten gebrauchen konnte, waren weitere Konfliktherde. Und so ging die Ernennung des *dux*, des bald Dogen genannten politischen Hauptes der Gemeinde Venedig, nach und nach von den Kaisern an die führenden Vertreter dieser Gemeinde über.

Allerdings war die Ausbildung einer Oligarchie von mächtigen Familienverbänden, welche die politischen Geschäfte Venedigs selbst in die Hand nahmen, von heftigen inneren Auseinandersetzungen um die Macht begleitet. Immer wieder versuchten Inhaber des Dogenamtes, das Wahlprinzip auszuhebeln und das Dogat für ihre Familie erblich zu machen. Zu diesem Zweck erschien etwa die Ernennung eines Sohnes zum Mitregenten ein probates Mittel, bis diese Maßnahme im Jahre 1032 ausdrücklich verboten wurde. Dem Ehrgeiz von Dogen, die Oligarchie in eine Erbmonarchie umzugestalten, begegneten die Vertreter der übrigen Aristokratenclans mit erbittertem und oftmals brachialem Widerstand. Und so finden wir in den Listen der Dogen für das 9. und 10. Jahrhundert eine ganze Serie von abgesetzten, geblendeten, hingerichteten und ermordeten Oberhäuptern Venedigs.

Einer von ihnen war Pietro IV. Candiano (959–976), dessen lange Zeit erfolgreiche Politik sich nicht zuletzt darin widerspiegelte, dass es ihm gelang, in zweiter Ehe mit Waldrada von Toskana keine Geringere als eine Nichte des römisch-deutschen Kaisers Otto des Großen zu heiraten. Gerade aber sein Erfolg wurde Candiano zum Verhängnis, denn er weckte den Neid und das Misstrauen der Standesgenossen, so dass es im Jahre 976 zu einem Aufstand «einiger der Großen Venedigs», wie es bei Johannes Diaconus heißt, kam, darunter sogar Verwandte des Dogen. Die Verschwörer schlossen Pietro Candiano in seinem Amtssitz, dem damals noch burgartig befestigten Dogenpalast, ein. Als es ihnen nicht gelang, diesen zu stürmen, legten sie Feuer, das sich rasch ausbreitete und den Dogen schließlich zwang, sich in die ebenfalls schon brennende Markuskirche zu flüchten, wo er zusammen mit einigen Getreuen und seinem noch im Säuglingsalter stehenden Sohn erbarmungslos niedergemacht wurde.

Doch ungeachtet der immer wieder gewalttätig aufbrechenden inneren Konflikte begann in der zweiten Hälfte des 10. Jahrhunderts Venedigs Aufstieg zu einer überregionalen Handels- und vor allem Seemacht. Deutlich wird dies etwa an der Flottenexpedition, die der Doge Pietro II. Orseolo (991–1008) just im Jahre 1000 unternahm. Schon die Tatsache, dass die Venezianer eine solche Flotte ausrüsten konnten, verdient festgehalten zu werden, denn sie ist keineswegs selbstverständlich. Für den Bau und die Bemannung einer Flotte bedurfte es sowohl erheblicher wirtschaftlicher, finanzieller und menschlicher Ressourcen als auch organisatorischer Strukturen, die im frühen Mittelalter in der archaischen und statischen Gesellschaft des übrigen Europas schlechterdings nicht gegeben waren. Große Seeschlachten hatte die Antike gesehen, und es sollte sie wieder in der Frühen Neuzeit geben – in den tausend Jahren zwischen 500 und 1500 treffen wir hingegen nur selten auf die Voraussetzungen, die den Aufbau und Einsatz von Kriegsflotten ermöglichten. Es ist kennzeichnend für die kulturelle Überlegenheit Ostroms und seinen Vorsprung in der staatlichen Entwicklung, dass hier weiterhin eine Flotte bestand; auch die Araber waren zu dieser Zeit in der Lage, eine Flotte zum Kampf gegen Byzanz einzusetzen. Ansonsten aber gab es an den Küsten Europas um das Jahr 1000 wohl Kaperschifffahrt und Seeräuberei, aber keine Kriegsflotten im eigentlichen Sinne.

So horchen wir also auf, wenn wir erfahren, dass Pietro Orseolo im Jahr 1000 an der Spitze einer eigens dafür ausgerüsteten Flotte zu einem Kriegszug aufbrach. Und zwar nicht etwa, um eine als unangenehme Konkurrenz empfundene Nachbargemeinde zu überfallen und zu brandschatzen, wie es früher schon des öfteren vorgekommen war. Das Ziel war vielmehr, eine Reihe von adriatischen Küstenstädten, darunter Zara (Zadar), Spalato (Split) und Ragusa (Dubrovnik), unter die Oberhoheit Venedigs zu zwingen, was auch tatsächlich gelang. Nicht dass dieser Erfolg sogleich die dauerhafte Etablierung eines venezianischen Seereichs in der Adria zur Folge gehabt hätte; die unterworfenen Städte schüttelten die Oberhoheit Venedigs wieder ab, sobald sich die Gelegenheit dazu bot. Doch allein der Anspruch auf eine formale Herrschaft in der Region, wie er nicht zuletzt in dem Titel eines Herzogs von Dalmatien und Kroatien zum Ausdruck kam, den Pietro Orseolo nach seinem erfolgreichen Feldzug annahm, lässt ein neuartiges politisches Selbstbewusstsein erkennen.

So ist es auch kein Zufall, dass während der Herrschaft des Orseolo-Dogen der römisch-deutsche Kaiser Otto III. Venedig im Jahr 1001 einen Besuch abstattete, um die Unterstützung der Lagunenrepublik für seine Italienpolitik zu gewinnen. Zugleich aber kam der Kaiser, wie der Chronist Johannes Diaconus nicht zu vermerken vergisst, als Pilger, der den Gebeinen des heiligen Markus seine Aufwartung machte – die Sphären des Diesseits und des Jenseits erschienen den Menschen des Mittelalters eben nicht trennbar. In politischer Hinsicht stellte der Besuch des Kaisers für die Markus-Republik einen großen Prestigeerfolg dar, musste er doch wie die Anerkennung ihrer Unabhängigkeit durch die oberste weltliche Autorität des Abendlandes erscheinen. Und auch mit dem oströmischen Kaiser Basileios II. verhandelten die Venezianer nunmehr de facto von gleich zu gleich. Handelsprivilegien für die Kaufleute aus Venedig gegen den Einsatz der venezianischen Flotte zur Unterstützung der byzantinischen Verteidigungsbemühungen in Süditalien, so lautete die

Geschäftsformel. Wir begegnen ihr erstmals in einer feierlichen Chrysobolla – der nach ihrem kostbaren Goldsiegel benannten Urkunde der byzantinischen Kaiser – aus dem Jahr 992. Sie enthält als Anerkennung für die venezianische Unterstützung zur See eine Ermäßigung der Zolltarife, die venezianische Kaufleute im Gebiet des Oströmischen Reichs zukünftig zahlen sollten.

Diesem ersten Handelsprivileg für die Venezianer folgten bald weitere und umfangreichere. Kaiser Alexios I. Komnenos (1081–1118) suchte gleich nach seinem Regierungsantritt Verbündete, um die weitere Expansion der Normannen zu verhindern, die inzwischen die letzten Besitzungen der Byzantiner in Süditalien erobert hatten und ernsthafte Anstalten machten, auf die östliche Adria-Seite überzugreifen. Die Venezianer ließen sich ihre Intervention, die im darauffolgenden Jahr tatsächlich zu einem eindrucksvollen Seesieg führte, teuer bezahlen: Für alle Zukunft, so verkündete Alexios I. in einer Chrysobolla im Mai 1082, sollten venezianische Händler in weiten Teilen des Oströmischen Reichs von Steuern und Gebühren befreit sein. Die venezianischen Kaufleute in Konstantinopel, deren dortiges Wohnviertel in derselben Urkunde deutlich erweitert wurde, sahen goldenen Zeiten entgegen.

Wie sehr sich die Machtverhältnisse zwischen der einstigen Provinzsiedlung und der strahlenden Metropole am Bosporus gewandelt hatten, wurde bald nach Regierungsantritt von Alexios' I. Sohn und Nachfolger, Johannes II. Komnenos (1118–1143), deutlich. Dieser mochte den Venezianern die von seinem Vater verliehenen Privilegien nicht bestätigen, weil sich die Schäden für die byzantinische Staatskasse als horrend erwiesen hatten. Die darauf einsetzenden militärischen Aktionen der venezianischen Flotte zwangen den Kaiser jedoch zum Einlenken, und 1126 gewährte er den einstigen Untertanen die alten Freiheiten.

Zwischen Kaiser und Papst

Doch nicht nur im Verhältnis Venedigs zur alten Vormacht Konstantinopel hatte sich Grundlegendes geändert. Auch auf der Apenninenhalbinsel galt die Stadt in der Lagune inzwischen als politischer Machtfaktor ersten Ranges. Nicht deswegen, weil die Venezianer hier eine aktive Eroberungspolitik betrieben hätten. Die direkte Herrschaft über das Festland interessierte die Seekaufleute nicht, und daran sollte sich auch auf lange Sicht nichts ändern. Das Denken der Venezianer war von ihren Handelsinteressen geprägt, aus ihrer meeresbezogenen Sicht erschien das Festland als Küste, als Strand mit einem Hinterland, und sie brauchten zwar die Kontrolle über die Küste, nicht aber über das Land dahinter. Was sich unter dieser Prämisse in den Jahrzehnten nach der Jahrtausendwende zu entwickeln begann, war der «stato da mar», der «Meeresstaat», ein Netz von Hafen- und Inselstützpunkten, teils unter direkter Herrschaft der Venezianer, teils unter derjenigen von Vasallen, die den Venezianern Privilegien zuerkannten.

Für das Verständnis der venezianischen Geschichte ist es jedenfalls bis weit ins Spätmittelalter hinein essentiell, dass das Denken und Handeln der Venezianer, dass ihre gesamte Weltwahrnehmung auf das Meer, nicht auf das Land hin ausgerichtet war. Dennoch konnte es sie nicht vollkommen gleichgültig lassen, was auf dem Festland vorging, zumal vor ihrer Haustür in Oberitalien. Und das war in der zweiten Hälfte des 12. Jahrhunderts eine ganze Menge. Der Kampf zwischen den beiden obersten Autoritäten des christlichen Abendlandes, zwischen Kaiser und Papst, war mit neuer, bisher unbekannter Heftigkeit entflammt, seit Kaiser Friedrich I. Barbarossa (1152–1190) aus dem Geschlecht der Staufer sich zum Ziel gesetzt hatte, die alten Herrschaftsrechte des Reichs in Oberitalien wieder durchzusetzen.

Hier hatten seit etwa 1000 durch Produktivitäts- und Bevölkerungswachstum die Handelsaktivitäten rasch zugenommen. Dadurch waren aus kleinen städtischen Zentren reiche und mächtige Handelsmetropolen geworden, zu denen allen voran Mailand gehörte. Ihr wachsender Wohlstand ging einher mit einem ebenfalls wachsenden Selbstbewusstsein und einer reziprok dazu abnehmenden Neigung, dem fernen Kaiser nördlich der Alpen Abgaben zu zahlen und sich von ihm die Politik vorschreiben zu lassen. Umgekehrt interessierten sich die Kaiser sehr für die vollen Kassen der oberitalienischen Kommunen, die in so überaus auffälligem Kontrast zur stets besorgniserregenden Leere der eigenen standen. Kurz, Friedrich Barbarossa zog schon bald nach dem Beginn seiner Herrschaft an der Spitze eines Heeres nach Norditalien, um die dortigen Kommunen an ihre Pflichten gegenüber dem Reich zu erinnern, was diese mit der Gründung eines Verteidigungsbündnisses, des lombardischen Städtebundes, beantworteten.

In den nun einsetzenden jahrzehntelangen Kämpfen, in denen mal die eine, mal die andere Seite die Oberhand zu gewinnen schien, suchten und fanden die Lombarden Unterstützung bei den Päpsten in Rom, denen eine starke Stellung der römischdeutschen Kaiser auf der Apenninenhalbinsel geradezu lebensbedrohlich erschien. Besonders Alexander III. Bandinelli (1159–1181) erwies sich als unerbittlicher Gegner der kaiserlichen Machtansprüche und dadurch als zuverlässiger Bundesgenosse der norditalienischen Städte – auf deren Seite sich übrigens, wie nach dem zuvor Gesagten kaum verwunderlich ist, die Venezianer keineswegs mit Nachdruck engagieren mochten.

1176 kam es dann bei dem kleinen lombardischen Städtchen Legnano, nicht weit von Mailand gelegen, zur Schlacht zwischen dem Heer Friedrich Barbarossas und den Truppen der italienischen Kommunen. Sie endete mit der vollständigen Niederlage der Kaiserlichen, woraufhin der Staufer einsah, dass man zu einem Verständigungsfrieden kommen musste. Als Ort für die Verhandlungen aber bot sich Venedig besonders an: Für die Vertreter der italienischen Städte und den Papst, denen man kaum eine Reise ins Reich zumuten konnte, war es ein naheliegender Verhandlungsort, zugleich aber auch für den Kaiser eine akzeptable Lösung, da sich Venedig aus den vorangegangenen Kämpfen zurückgezogen hatte. Zudem bot die Stadt mit ihren inzwischen etwa 70 000 Einwohnern – wie wir bei aller Skepsis gegenüber absoluten Zahlenangaben im Mittelalter annehmen können – auch die logistischen Voraussetzungen für das Zusammentreffen von Kaiser, Papst und Städtevertretern.

An die 10 000 Menschen sollen es gewesen sein, die sich im

Gefolge der Mächtigen ab dem Frühjahr 1177 in Venedig versammelten. Die Verhandlungen um einen umfassenden Friedensschluss führten nach relativ kurzer Zeit am 24. Juli zur feierlichen, öffentlichen Versöhnung zwischen Kaiser und Papst.
Der Frieden von Venedig im Jahre 1177 sollte tatsächlich die
militärischen Auseinandersetzungen zwischen Reich und Heili-
gem Stuhl ebenso wie den Kampf der Kaiser mit den norditalienischen Kommunen für einige Jahrzehnte beenden.

Doch stellte dieser Friedensschluss einen Markstein nicht nur
in der Entwicklung des Verhältnisses zwischen Kaiser und Papst
dar, sondern ebenso in der Geschichte Venedigs. Im kulturellen
Gedächtnis der Venezianer, jenem Mythen- und Legenden-
schatz, wie ihn jede menschliche Gemeinschaft braucht, um sich
immer wieder allgemeingültiger Überzeugungen und Werte zu
versichern, spielte der Frieden von Venedig bald eine ebenso
prominente Rolle wie die Überführung der Gebeine des heiligen
Markus. Ja, man wird kaum zu weit gehen, wenn man den Friedensschluss des Jahres 1177 als politisches Gegenstück zur
Markus-Legende, dem religiösen Urgrund der venezianischen
Identität, bezeichnet. Wie in jedem wirkmächtigen Mythos ver-
band sich auch hier im Laufe der Zeit der historische Fakten-
kern mit sinnträchtigen Ausmalungen, die sich eine zunehmen-
de poetische Freiheit gegenüber der trivialen Welt ordinärer
Tatsachen herausnahmen.

So ist es zum Beispiel richtig und ganz zeittypisch, dass die
beiden Herrscher, die in Venedig gastfreundlich aufgenommen
worden waren, sich nach dem Abschluss des Friedens in groß-
zügiger Weise erkenntlich zeigten und die Stadt mit Privilegien
versahen. Doch aus diesen eher konventionellen Gunstbeweisen
entwickelten die Venezianer im Laufe der Zeit nicht weniger als
die historische Begründung ihres wichtigsten Staatsfestes, der
sensa. Bei dieser rituellen Vermählung des Dogen mit dem Meer,
die alljährlich am Festtag Christi Himmelfahrt stattfand, wurde
der amtierende Doge auf seiner prachtvollen Repräsentations-
galeere, dem *bucintoro*, auf das offene Meer hinaus gerudert,
wo er einen goldenen Ring als Hochzeitssymbol in die Fluten
warf. Aller Wahrscheinlichkeit nach reichte dieser Brauch in

viel ältere Zeiten zurück. Durch die Einbindung der *sensa* in die mythisch verklärten Ereignisse beim Friedensschluss zwischen Friedrich Barbarossa und Papst Alexander III. gelang es den Venezianern jedoch, eine kohärente Herleitung des Staatsfestes vorzulegen und es dadurch zu legitimieren.

Aber es war nicht nur dieses Fest, das durch den Friedensschluss von 1177 zugleich er- und verklärt wurde. Die Republik Venedig stand unter der Führung des diplomatisch geschickten Dogen Sebastiano Ziani (1172–1178) als vermittelnd-ausgleichende Macht zwischen den beiden wichtigsten Autoritäten der Christenheit, dem Kaiser und dem Papst. Und indem diese den Dogen als Vermittler anerkannten – so jedenfalls die implizite Deutung der venezianischen Geschichtsschreiber –, erkannten sie auch, zumindest in diesem Augenblick, die Stellung des Dogen über Kaiser und Papst an.

Wie die Markus-Legende wurde auch der Friedensschluss von 1177 immer wieder gemalt, und welch zentrale Rolle er im kollektiven Gedächtnis der Venezianer spielte, wird nicht zuletzt aus einer Episode des 17. Jahrhunderts deutlich. Damals ließ der regierende Papst Urban VIII. Barberini (1623–1644) ein Freskengemälde im römischen Vatikanspalast renovieren, das im Jahrhundert zuvor im Auftrag eines venezianischen Kardinals gemalt worden war und den Frieden von Venedig 1177 zeigte. Eine Inschrift erläuterte den Inhalt des Bildes, und diese Inschrift befahl Urban VIII. nun zu übermalen, weil sie die Rolle des Dogen Sebastiano Ziani bei den Verhandlungen zwischen Papst und Kaiser in geradezu lächerlicher Weise überbetone. Nüchterne Archivrecherchen von Urbans Chefarchivar Felice Contelori hatten in sorgfältig-quellenkritischer Detailarbeit ans Licht gefördert, dass Ziani keineswegs der eigentliche Urheber des Friedensschlusses gewesen sei. Diese in unseren Augen wenig spektakuläre Erkenntnis hatte Contelori dann in einem 1635 publizierten Buch mit gründlichen Nachweisen belegt. Die Reaktion der Venezianer war fulminant. Die Regierung ließ zunächst ihren Botschafter an der Kurie die sofortige Wiederherstellung der alten Inschrift fordern, um ihn, als der Papst das verweigerte, abzuberufen. In Venedig aber wurde das Buch

Conteloris öffentlich verbrannt und auf seine Ermordung eine Prämie ausgesetzt.

Erst zehn Jahre später konnte der Konflikt nach dem Tod Urbans VIII. von dessen Nachfolger Innozenz X. Pamphili (1644–1655) beigelegt werden – bezeichnenderweise, indem der neue Papst nachgab und die alte Inschrift wiederherstellen ließ. Der Frieden von Venedig hatte sich längst von einem historischen zu einem mythologischen Ereignis gewandelt und dadurch zu einem Eckpfeiler des venezianischen Selbstverständnisses entwickelt, den zu attackieren in den Augen der Venezianer geradezu als todeswürdiges Verbrechen erscheinen musste.

Der Vierte Kreuzzug

Wenn der Frieden von 1177 von geringer politischer Bedeutung für Venedig, jedoch von umso größerer Bedeutung für sein Selbstverständnis und seine Selbstdarstellung war, so gilt für das nächste Großereignis in der venezianischen Geschichte gerade das Umgekehrte. Der Vierte Kreuzzug führte keineswegs, wie ursprünglich geplant, zur Befreiung des Heiligen Landes, sondern vielmehr, nach hässlichen Irrungen, zur Eroberung und Plünderung des christlichen Konstantinopel, das sich von diesem Schlag nie mehr erholen sollte. Dieser Kreuzzug wurde von der venezianischen Republik, die ansonsten ihre glorreiche Geschichte so eifrig propagierte, lange Zeit recht schamvoll verschwiegen. Zu monströs mochten selbst dem patriotischsten Venezianer die Ereignisse scheinen, die den Kreuzzug in die Irre gehen ließen, auch und gerade angesichts der Tatsache, dass sein Ende den Anfang von Venedigs Weltgeltung brachte.

Dass die Venezianer überhaupt einmal in elementarer Weise in die Kreuzzüge verwickelt sein würden, war lange Zeit nicht abzusehen gewesen. Ihre Interessen galten dem Handel mit dem Orient, nicht dessen Eroberung. Die Republik, auch in späteren Zeiten für ihre Laxheit in Glaubensfragen berühmt und berüchtigt, beteiligte sich eher lustlos an den Bemühungen, die Ungläubigen aus dem Heiligen Land zu vertreiben. Begeisterung etwa für den Ersten Kreuzzug, der im Jahr 1099 zur Eroberung Jerusalems führte, entwickelten die Venezianer keineswegs, stellte doch das Fatimidenreich in Ägypten und Teilen Syriens nach Byzanz den wichtigsten Handelspartner der Venezianer dar. Erst im Jahr 1100, als der Erfolg des Unternehmens keinem Zweifel mehr unterlag, rüstete man in aller Eile noch eine stattliche Flotte von rund 200 Schiffen aus, um an der reichen Beute teilzuhaben. Nach der Einrichtung einer Handelskolonie im zuvor eroberten Haifa kehrten die Venezianer freilich schon bald in die Heimat zurück, nicht ohne mit dem ihnen eigenen Pragmatismus in Myra kurzentschlossen die Gebeine des heiligen Nikolaus zu rauben. Dieser sollte sich an der Lagune schon bald – nächst San Marco – besonderer Verehrung, zumal durch die Seeleute, erfreuen.

Die Zurückhaltung der Venezianer gegenüber der Kreuzzugsidee änderte sich allerdings, als Papst Innozenz III. Conti (1198–1216) noch im Jahr seiner Wahl einen neuerlichen Aufruf zum Kreuzzug erließ, der zwar zunächst nur ein geringes Echo fand, dann aber doch vor allem französische Adlige veranlasste, eine kriegerische Pilgerreise in die Levante zu planen. Nach den trüben Erfahrungen der Teilnehmer am Dritten Kreuzzug mit den Mühen des Landwegs, auf dem Kaiser Friedrich Barbarossa 1190 in Kleinasien den Tod gefunden hatte, beschloss man, dieses Mal den Seeweg zu wählen. Dafür aber bedurfte es einer gewaltigen Flotte, die in absehbarer Zeit zu bauen und auszurüsten nur die Venezianer in der Lage waren. Und so traf Anfang Februar 1201 eine Delegation der Kreuzfahrer in der Lagune ein, um mit dem Dogen Enrico Dandolo und seinen Räten den Plan zu beraten.

Nach kurzen Verhandlungen einigte man sich darauf, dass Venedig bis zum 29. Juni 1202 die Schiffe für 4500 Ritter mit ihren Pferden, 9000 Knappen und 20000 Mann Fußvolk stellen würde. Dafür sollten die Kreuzfahrer 85000 Silbermark zahlen, mit anderen Worten: etwa zwanzig Tonnen Silber oder das Doppelte dessen, was in dieser Zeit dem König von Frankreich an Einnahmen jährlich zur Verfügung stand. «Aus Liebe zu Gott» würde der Doge darüber hinaus den Konvoi von fünfzig venezianischen Galeeren als Geleitschutz begleiten lassen, freilich auch, um dafür die Hälfte aller von den Kreuzfahrern eroberten Gebiete für Venedig in Besitz zu nehmen. Die Unterhändler hinterließen eine Anzahlung von 2000 Silbermark und kehrten in ihre Heimat zurück.

Ein Jahr später jedoch machte sich maßlose Enttäuschung breit, als sich statt der erwarteten 30 000 kaum mehr als 10 000 Kreuzfahrer an den Ufern der Lagune einfanden. Und nicht nur das: Auch an Geld fehlte es. Statt der vereinbarten 85 000 Silbermark kamen nur 51 000 zusammen, immer noch eine beachtliche Summe, aber eben kaum mehr als die Hälfte dessen, was vereinbart worden war. Der Vorschlag des trotz seiner mehr als neunzig Jahre überaus machtbewussten Dogen Dandolo zur Lösung des Problems schien einfach: Die dalmatinische Stadt Zara hatte sich kurz zuvor zum wiederholten Male von der venezianischen Oberhoheit losgesagt. Wenn sich die Kreuzfahrer bereit erklärten, Zara zur Räson zu bringen, so könne man die fehlende Summe erst einmal stunden. Unter den Rittern gab es nicht wenige, die eine solche Strafexpedition gegen eine christliche Stadt für unvereinbar mit ihren Idealen hielten, und von Papst Innozenz III. in Rom kam sofort ein striktes Verbot, den Kreuzzug in dieser Form zu pervertieren. Doch angesichts der Notwendigkeit, den Venezianern entgegenzukommen, erklärte sich die große Mehrheit der Ritter einverstanden. Daraufhin verkündete Enrico Dandolo im Rahmen einer aufsehenerregenden Versammlung der auf dem Markus-Platz versammelten venezianischen Bevölkerung, unter diesen Umständen wolle er selber, ungeachtet seines hohen Alters, am Kreuzzug teilnehmen. Wenig später konnte er sich über die Eroberung Zaras freuen, das von den Kreuzfahrern gründlich geplündert wurde.

Doch damit fanden die Irrwege der Kreuzritter keineswegs ein Ende. Vielmehr erschien in Zara der byzantinische Prinz Alexios, der die Ritter aufforderte, ihn bei seinen Bemühungen zu unterstützen, den Kaiserthron für seinen Vater, den sieben Jahre zuvor gestürzten Isaak II. Angelos (1185–1195), zurückzugewinnen. Der Prinz versprach den Rittern für ihre Hilfe goldene Berge, und der instinktsichere Machtpolitiker Dandolo witterte die Chance zu einem historischen Triumph. Auf sein

Zureden hin ließen sich die Kreuzfahrer tatsächlich für den Plan gewinnen, dem byzantinischen Prinzen militärische Unterstützung zu gewähren, und so kam es nach vielen weiteren Wirrungen dazu, dass ein christliches Heer das christliche Konstantinopel belagerte und schließlich am 13. April 1204 eroberte.

Die anschließenden Plünderungen zerstörten Kulturgüter von unermesslichem Wert, die Beute der frommen Ritter soll 400 000 Silbermark ausgemacht haben. Doch damit nicht genug, gingen die Führer des Kreuzzugs daran, das ehrwürdige Kaiserreich insgesamt als Beute unter sich aufzuteilen, wie sie es schon während der Belagerung vereinbart hatten. An die Stelle der griechischen Kaiser traten Imperatoren aus dem Hause Flandern, die das kurzlebige sogenannte lateinische Kaiserreich begründeten. Dieses war freilich auf Gedeih und Verderb von der Unterstützung Venedigs abhängig, die sich die Venezianer natürlich durch weitreichende Handelsprivilegien bezahlen ließen. Darüber hinaus gelang es Dandolo, aus der Konkursmasse des byzantinischen Kaiserreichs «ein Viertel und ein halbes», also nicht weniger als drei Achtel, als direkten Besitz Venedigs zu reklamieren. Dabei handelte es sich, wie es sich für die seeorientierten Venezianer verstand, um ein ganzes Netz von Küsten- und Inselbesitzungen, darunter Kreta, die fortan das Rückgrat der venezianischen Vorherrschaft im östlichen Mittelmeer bildeten und die Dominanz Venedigs im Handel mit der Levante befestigten. Der Aufstieg der einstigen Siedlung im Sumpf zum Rang einer europäischen Großmacht war damit besiegelt.

2. Die Glanzzeit (1204–1509)

Der große Reichtum

Über einen Zeitraum von rund 300 Jahren sollte Venedig fortan eine maßgebliche Rolle in der europäischen Politik spielen. Eine Handelsrepublik als politische Großmacht – das erscheint zunächst als eine ungewohnte Vorstellung, zumal in Mitteleuropa. Doch ist die kontinentale Sicht der Dinge keineswegs eine «natürliche», sondern eine kulturell geprägte, wie ein Blick in die Geschichte lehrt, in der des öfteren große Seereiche dominiert haben, etwa das britische Empire im 19. Jahrhundert. «Alles, was die Englandschwärmer vom 18. bis zum 20. Jahrhundert an England bewundert haben, ist vorher bereits an Venedig bewundert worden», so die Beobachtung des Staatsrechtlers Carl Schmitt in seiner klugen Schrift über «Land und Meer»: «Der große Reichtum; die diplomatische Überlegenheit, mit der die Seemacht die Gegensätze zwischen den Landmächten auszunützen und ihre Kriege durch andere zu führen wußte; die aristokratische Verfassung, die das Problem einer innenpolitischen Ordnung gelöst zu haben schien; die Toleranz gegenüber religiösen und philosophischen Meinungen; das Asyl freiheitlicher Ideen und politischer Emigration. Dazu kommt der bezaubernde Reiz prunkvoller Feste und künstlerischer Schönheit.»

Der große Reichtum – wo kam er her und wie kam er zustande? Auf die erste und fundamentalste Voraussetzung für den Reichtum der Venezianer ist bereits hingewiesen worden. Sie bestand im erst langsam, seit dem 13. Jahrhundert dann immer schneller wachsenden wirtschaftlichen Austausch innerhalb Europas, aber auch zwischen Europa und dem Orient. Die Bevölkerungszahl stieg, es stieg die Produktivität der Gesellschaft und damit der Bedarf nach Handel. Handel aber war nach Lage der Dinge zum größten Teil Seehandel. Nur auf dem Wasser ließen sich Güter in größerer Menge mit vertretbarem Aufwand transportieren. Der Landweg war dagegen im wahrsten Sinne des Wortes steinig: Wer hätte Straßen über große Distanzen bauen und unterhalten sollen, in einem vorstaatlichen Zeitalter, und wie sollte man auf den kaum befestigten Feldwegen, die als Fernstraßen dienten, mit schweren Lasten große Entfernungen überwinden, in einer Epoche, die beim Transport ausschließlich auf die Kraft von Menschen und Tieren angewiesen war?

Die Lage Venedigs am äußersten Nordrand der Adria begünstigte seinen Aufstieg zur wichtigsten Drehscheibe für den Handel zwischen dem Abendland und der Levante, denn durch den Umschlag in der Lagune ließ sich ein möglichst großer Teil des langen Transportweges aus dem Orient auf dem Wasser zurücklegen. Danach fanden die Güter durch die Poebene und über den Brenner ihren Weg nach Norden, ins Heilige Römische Reich Deutscher Nation. Im Osten gelangte man über den Karst nach Ungarn und zu den Metallvorkommen Sloweniens. Auch der Weg nach Kärnten und von dort nach Wien war nicht weit. Jedoch stellte die geographische Lage eine gewiss notwendige, aber keineswegs hinreichende Bedingung für die wachsende Bedeutung Venedigs dar. Nicht minder wichtig war die Organisation des Handels – ein Gebiet, auf dem die Venezianer Eigenartiges und Einzigartiges geleistet haben, weil sie nicht nur als Kaufleute konsequent ihre Handelsinteressen verfolgten, sondern auch als Seeleute die Welt vom Wasser her dachten.

Freilich, solange der Handel auf den lokalen Austausch billiger Massengüter wie Salz und Fisch über kurze Distanzen beschränkt gewesen war, solange hatte es auch keiner besonderen organisatorischen Anstrengungen bedurft, um ihn zu fördern. Erst mit dem quantitativen und qualitativen Wachstum des Warenaustauschs nach der Jahrtausendwende begann sich das zu ändern. Mit den größeren Entfernungen der Handelsreisen stieg auch der Aufwand, den man zu ihrer Durchführung betreiben musste, exponentiell an. Denn Reisen war im Mittelalter mühsam, es war teuer, und es war gefährlich. Sobald die venezianischen Kaufleute begannen, ihren Aktionsradius über den Bereich der nördlichen Adria auszudehnen, sahen sie sich genötigt, die Ausrüstung ihrer Schiffe zu verbessern: Sie wurden größer, denn es galt nun, den Wetterverhältnissen auf hoher See, vor allem in der Ägäis mit ihren unberechenbaren Winden, zu trotzen. Um die größeren Schiffe navigieren zu können, brauchte man mehr Personal; und schließlich musste die Mannschaft bewaffnet werden, denn Seefahrt war nicht nur aus meteorologischen Gründen risikoreich. In einer Zeit vor der Entwicklung des modernen Staates und des späteren Völker- und Seerechts verliefen die Grenzen zwischen Handelsschifffahrt und Piraterie fließend. Selbst in Friedenszeiten musste der Kaufmann jederzeit damit rechnen, von anderen Schiffen, denen er auf hoher See begegnete, angegriffen zu werden. Darüber hinaus befand sich Venedig, je mehr sein Reichtum und seine Macht wuchsen, immer häufiger im Kriegszustand mit anderen Mächten, die naheliegenderweise versuchten, seinen Handel durch Kaperung der venezianischen Schiffe zu treffen.

Es bedurfte also einer unternehmungslustigen und risikofreudigen Mentalität, um sich den Gefahren des Seehandels auszusetzen. Die Handelsreisen, in deren Organisation sich diese Mentalität im hohen Mittelalter manifestierte, beruhten zunächst auf dem Familienverband. Eine sogenannte *fraterna* bestand aus mehreren Verwandten, die sich gemeinsam auf Handelsreise begaben. Die zweifellos berühmteste *fraterna* war die der Familie Polo, die im Jahre 1271 in die Levante aufbrach und Marco Polo, seinen Vater Niccolo und seinen Onkel Matteo vereinte. Schon zuvor hatten Angehörige der Familie Polo von Konstantinopel aus, wo sich seit 1204 immer mehr venezianische Kaufleute niederließen, Handelsreisen bis in den Fernen Osten unternommen. Berühmtheit erlangte Marco Polo, nach Ansicht Alexander von Humboldts einer der «größten Reisenden aller Zeiten», nicht aufgrund seiner Reise an sich (die ihn bis an den Hof des Kuhbilai Khan im fernen China führte), sondern wegen seines ausführlichen Berichts über das Leben am Hof des Großkhans, der zu den wertvollsten kulturgeschichtlichen Dokumenten aus dem Mittelalter zählt. Doch führten die Handelsreisen venezianischer Familienverbände im 13. und 14. Jahrhundert gar nicht so selten bis in den Fernen Osten: Die venezianischen Kaufleute hatten sich zu *global players* entwickelt.

Womit handelten sie? Der Wagemut der Venezianer hatte seinen Grund nicht allein in blanker Abenteuerlust, sondern mehr noch in den märchenhaften Gewinnspannen, die sich mit den Gütern erzielen ließen, welche sie aus dem Nahen und Fernen Osten nach Europa brachten. Denn viele dieser Importartikel waren nur aus dem Osten zu beziehen: bestimmte Gewürze wie vor allem der Pfeffer, pharmazeutische Mittel, manche Farbstoffe, Seide, Brokat, Perlen – und Sklaven. Bis weit ins 15. Jahrhundert hinein stellte der Handel mit dieser menschlichen «Ware» eine der Haupteinnahmequellen der venezianischen Kaufleute dar. Selbst vorsichtige Schätzungen gehen davon aus, dass über die Jahrhunderte Millionen von Sklaven auf den Märkten am Rialto verkauft wurden. Im Export hingegen dominierten die Woll- und Leinenstoffe aus der oberitalienischen Tuchproduktion, außerdem Holz – ein in der Levante knapper, aber überaus wichtiger Rohstoff – sowie Edelmetalle.

Der Handel mit all diesen Gütern war nicht nur aufwendig und gefährlich, sondern auch kapitalintensiv, und so überrascht es nicht, dass sich im Laufe der Zeit neben der traditionellen *fraterna*, die allerdings als familiäre Grundstruktur der venezianischen Gesellschaft ihre Bedeutung behielt, andere Formen der Handelsorganisation entwickelten. In der *colleganza* schlossen sich idealerweise zwei Kaufleute zusammen. Der eine der beiden Partner stellte den größeren Teil, etwa drei Viertel, des für eine Handelsunternehmung nötigen Kapitals zur Verfügung, blieb aber in Venedig; der andere dagegen steuerte nur ein Viertel bei, brachte dafür aber seine Arbeitskraft in das gemeinsame Unternehmen ein. Ersterer, der sogenannte *socius stans*, überließ also das «operative Geschäft», die mühe- und gefahrvolle Handelsreise, dem *socius procertans*. Der Gewinn wurde anschließend geteilt. Diese Geschäftsform (die in vielfältigen Abwandlungen anzutreffen war) stellte für eine zunehmend differenzierte Gesellschaft ein hervorragendes Instrument dar, um unterschiedliche soziale Gruppen am Handel teilhaben zu lassen. Der arrivierte Großhandelskaufmann konnte sein Kapital einsetzen, ohne die Heimat verlassen zu müssen, während junge, unternehmungslustige Neulinge den Mangel

an Bargeld durch persönlichen Einsatz und Wagemut ersetzen
konnten.

Im Laufe des 14. Jahrhunderts verschwand allerdings die *colleganza* nach und nach aus dem Seehandel und behielt lediglich
im innerstädtischen Wirtschaftsleben Venedigs eine gewisse Bedeutung. An ihre Stelle trat die *societas*, die Handelsgesellschaft,
an der sich mehrere Kaufleute oder stille Teilhaber beteiligten.
Die Voraussetzungen für diese Entwicklung liegen in einer Verbesserung der Reise- und Kommunikationsbedingungen einerseits, andererseits im wachsenden Kapitalbedarf des Seehandels.
Im *colleganza*-System lag die Verantwortung beim reisenden
Kaufmann, der frei entscheiden musste und konnte, wie zu handeln sei. Das war ein Vorteil, wenn die Reise ins Ungewisse
ging. Wo jedoch die Handelsrouten, -partner und -bedingungen
weitgehend bekannt waren, lag es im Interesse der in Venedig
bleibenden Investoren, eine möglichst genaue Kontrolle auszu-
üben. Und Investoren waren mehr und mehr nicht nur Kaufleute, sondern große Teile der Bevölkerung, auch solche mit kleinen Vermögen.

Angesichts der existentiellen Wichtigkeit des Fernhandels für
die Stadt kann es nicht verwundern, dass sich in Venedig schon
früh das Bemühen der Kommune erkennen lässt, die Rahmenbedingungen des Handelsverkehrs im Dienste der Allgemeinheit zu
regeln. Von zentraler Bedeutung war dabei die Sicherung der
Seewege. Auf die Konsequenz, mit der sich die Venezianer um
den Aufbau und Erhalt eines Netzes von Häfen und Handels-
stützpunkten im östlichen Mittelmeer bemühten, wurde bereits
hingewiesen. Daneben entwickelten sie, um ihre Handelsschiffe
zu schützen, ein Konvoisystem, die sogenannten *mude*. Sie bestanden aus jeweils fünf bis zehn Handelsgaleeren, die in Venedig gemeinsam in See stachen und von Kriegsschiffen begleitet
wurden. Die wichtigsten Routen waren diejenigen nach Konstantinopel und, darüber hinaus, ins Schwarze Meer sowie nach
Syrien und schließlich nach Ägypten; doch auch nach Westen,
bis nach Flandern fuhr eine *mude* in regelmäßigen Abständen.
Seit 1329 wurden die Galeeren für jede Fahrt meistbietend versteigert. Der erfolgreiche Bieter (oder die hinter ihm stehende

societas) führte das Kommando über die Galeere, und zwar unter strengen Auflagen. Er musste sich durch Eid verpflichten, dafür zu sorgen, dass für die Fracht fällige Gebühren bezahlt wurden, und während der Zuladung von Handelsgütern persönlich anwesend zu sein, um Schmuggel zu verhindern. Die Galeerenkonvois fuhren in Perioden, die von der venezianischen Regierung festgesetzt wurden, zu ebenso festgelegten Zielen. Unter Berücksichtigung des meteorologisch Möglichen verkehrten die *mude* also nach einem geradezu modernen Fahrplansystem.

Aber nicht nur den Fernhandel suchte die venezianische Regierung in einem sorgsamen Zusammenspiel von Rahmenbedingungen, die durch die Obrigkeit geschaffen wurden, und privater Initiative zu fördern. Auch den Handel in Venedig selbst kontrollierte sie nach Kräften, um den eigenen Profit zu erhöhen. Eine wichtige Rolle spielten dabei die Handelshäuser für fremde Kaufleute, von denen das bekannteste der *fondaco dei tedeschi* war; er wurde erstmals 1228 als «Fonticum comunis Veneciarum ubi teutonici hospitantur», als Unterkunft der deutschen Kaufleute in Venedig, erwähnt. Die deutschen Kaufleute sahen sich gehalten, hier abzusteigen, gleich nach ihrer Ankunft ihre Waffen abzugeben und bei den *visdomini*, den Aufsehern des *fondaco*, Zoll auf ihre Waren zu entrichten. Danach wurde ihnen ein staatlicher Makler, der *sensal*, zugelost, der den Kaufmann während seines gesamten Aufenthalts begleitete und ihn als Dolmetscher unterstützte. Zugleich notierte er die getätigten Handelsabschlüsse, um sie später den *visdomini* mitzuteilen, die daraufhin die zu zahlenden Gebühren festlegten.

Diese einzigartige Mischung aus Service und Kontrolle, die Venedig im Bereich des Handelswesens entwickelte, der Zusammenhang zwischen Rechtsprechung, politischem Handeln und wirtschaftlichem Profit wird in einer unübertrefflich prägnanten Formulierung im 3. Akt von William Shakespeares «Kaufmann von Venedig» lebendig:

Der Doge kann des Rechtes Lauf nicht hemmen;
Denn die Bequemlichkeit, die Fremde finden
Hier in Venedig, wenn man sie versagt,

Setzt die Gerechtigkeit des Staats herab,
Weil der Gewinn und Handel dieser Stadt
Beruht auf allen Völkern.
(Übers. Schlegel/Tieck)

Bei alldem tun wir allerdings gut daran, uns die Grenzen der
staatlichen Kontrollmöglichkeiten im Venedig dieser Zeit vor
Augen zu führen. Die gut sechzig Kammern, die im *fondaco dei
tedeschi* zur Verfügung standen, deckten angesichts des regen
Handelsverkehrs bei Weitem nicht den Bedarf an Unterkünften,
so dass ein erheblicher Teil der deutschen Kaufleute ihr Quartier
in venezianischen Gasthöfen fand, von denen sich nicht wenige
geradezu auf deutsche Kundschaft spezialisierten. Allgemein ist
festzuhalten, dass die Regulierungs- und Überwachungsmög-
lichkeiten in den Gesellschaften des Mittelalters und der Frühen
Neuzeit mit denjenigen des modernen Staates nicht im Entferntesten zu vergleichen sind. Immerhin: Die venezianische Führungsschicht bemühte sich ausgesprochen konsequent um die
Einrichtung von Strukturen, die eine Kontrolle der Handelsge-
schäfte gestatteten – so wie sie auch versuchte, die Handelswege
zu kontrollieren. Diesem Zweck diente nicht nur, wie wir gesehen haben, die Organisation des Handels, sondern die gesamte
Außenpolitik der *Serenissima Repubblica*. So bezeichnete sich
Venedig seit dem 15. Jahrhundert selbst, in signifikanter Anver-
wandlung der in Italien damals üblichen Anrede eines regierenden Fürsten als «Serenissimus»: als «Allerheiterster».

Der *stato da mar* und die Eroberung der *terra ferma*

Die «diplomatische Überlegenheit», mit der die Seemacht Venedig «die Gegensätze zwischen den Landmächten auszunützen
und ihre Kriege durch andere zu führen wußte» (Carl Schmitt),
wurde schon von den Zeitgenossen des späten Mittelalters viel-
fach bestaunt; und es ist keine Übertreibung zu behaupten, dass
Venedig neben dem Papsttum lange Zeit die führende Rolle bei
der Entwicklung der modernen Diplomatie spielte. Wie der
Fernhandel war auch ein dauernder diplomatischer Austausch

im Mittelalter zunächst unbekannt. Eine statische Gesellschaft hatte schlicht keinen Bedarf nach stetigem Kontakt mit fremden Herrschern, und sie besaß auch nicht die Mittel, ständige Gesandte zu finanzieren. Beides änderte sich mit der wachsenden Intensität der Handelsbeziehungen. Im Gegensatz zum Bauern war es für den Händler lebenswichtig, über die Zeitläufe gut informiert zu sein. Er musste wissen, wie es in den Regionen, mit denen er handelte, um die politischen und wirtschaftlichen Entwicklungen bestellt war, damit er möglichst risikoarm und günstig kaufen und möglichst profitträchtig verkaufen konnte. Nur das Papsttum in Rom mit seinem universellen Geltungsanspruch in religiösen Dingen war in ähnlicher Weise an Informationen aus aller Welt interessiert, und so wird verständlich, warum ausgerechnet Rom und Venedig lange Zeit als die diplomatischen Zentren Europas galten.

Freilich dauerte es bis ins späte 15. Jahrhundert, ehe sich nach und nach ein stabiles Netz von dauernden diplomatischen Vertretungen Venedigs an den wichtigsten Höfen Europas etabliert hatte. Zuvor war es üblich gewesen, Gesandtschaften mit spezifischen Aufgaben zu betrauen. Diese waren allerdings schon seit dem Jahr 1268 verpflichtet, nach ihrer Rückkehr einen schriftlichen Bericht über ihre Mission vorzulegen. Die Ziele der venezianischen Diplomatie definierten sich, wie nicht anders zu erwarten, von den Handelsinteressen her. Besonders gut beobachten lässt sich das an der Politik Venedigs auf dem oberitalienischem Festland, gewissermaßen dem «Hinterhof» der Serenissima. Interessant war dieses Gebiet zum einen als Basis für die Lebensmitteleinfuhr einer stets auf die Versorgung von außen angewiesenen Inselstadt, zum zweiten als Absatzmarkt vor allem für die Massengüter Fisch und Salz, zum dritten aber aufgrund der Fernhandelswege ins Reich, die durch die Poebene und das Etschtal gen Norden führten.

Alle drei Aufgaben: die Sicherung der Versorgung, der Absatzmärkte und der Handelswege (von denen die Flüsse auch wegen des labilen ökologischen Gleichgewichts in der Lagune genau im Blick zu behalten waren) ließen sich durchaus lösen, ohne das Festland direkt zu unterwerfen. Und tatsächlich übte

Venedig hier über Jahrhunderte hinweg eine nur indirekte Herrschaft aus. Es genügte ja vollkommen, wenn die Handelsprivilegien der venezianischen Kaufleute Beachtung fanden und die Handelswege frei waren. Um beides zu gewährleisten, galt es vor allem, die Ausbildung starker Machtblöcke auf dem Festland zu verhindern.

Genau dieses Ziel verfolgten die venezianische Politik und die ihr dienende Diplomatie jahrhundertelang mit virtuoser Meisterschaft – oder skrupelloser Rücksichtslosigkeit, je nach Standpunkt des Betrachters. Venedig erwies sich immer wieder als Bundesgenosse von unbedingter Unzuverlässigkeit, sobald seine Interessen, nämlich die Verhinderung einer Machtakkumulation auf dem Festland, in Gefahr gerieten. Als im 12. Jahrhundert Friedrich Barbarossa die Reichshoheit in Oberitalien zu stärken suchte, schlossen sich die Venezianer dem lombardischen Städtebund zwar zunächst an, doch sobald sich der Misserfolg des Kaisers absehen ließ, erklärte sich Venedig zum Friedensschluss mit ihm bereit. Denn ein übermächtiger Städtebund in seiner Nachbarschaft musste ihm ebenso suspekt erscheinen wie ein dreiviertel Jahrhundert später ein übermächtiger Papst in Rom: Diesen unterstützten die Venezianer im Kampf mit Friedrich Barbarossas Enkel Friedrich II. nur so lange, bis sich die Waagschale zugunsten der Kaisergegner zu neigen begann.

Diesem Prinzip, das Gleichgewicht der Kräfte auf dem Festland dadurch zu gewährleisten, dass man im richtigen Moment die Fronten wechselte, blieb die Republik auch nach dem Niedergang der Kaisermacht in Italien treu. Den Jahrzehnten des Kampfes zwischen Kaisern und Kommunen folgte ab dem späten 13. Jahrhundert das Zeitalter der sogenannten *Signoria*, in dem aristokratische Stadtherren, die *signori*, danach strebten, die Herrschaft über größere Territorien auszubilden. So hatte etwa die Familie della Scala in Verona bis zum Tode ihres Oberhaupts Cangrande della Scala im Jahre 1329 die Städte Vicenza, Belluno, Feltre und Padua in ihren Besitz gebracht. Als Cangrandes Nachfolger Mastino II. nach der Besetzung auch Brescias und Parmas sich stark genug fühlte, die Schifffahrt auf dem Po zu sperren, sahen die Venezianer die Stunde gekommen, ihn in seine Schranken zu weisen. Sie brachten ein Bündnis mit den d'Este in Ferrara, den Visconti in Mailand, den Gonzaga in Mantua sowie der Republik Florenz zustande, das die Herrschaft der della Scala zurückstutzte und den langsamen Abstieg dieser Familie einleitete. An einer Vernichtung des Gegners jedoch zeigten die Venezianer kein Interesse. Als sich dessen Niederlage abzeichnete, wechselten sie wie so oft die Fronten und schlossen einen Separatfrieden, was ihnen von Seiten des Florentiner Chronisten Giovanni Villani bittere Vorwürfe ob ihrer Treulosigkeit eintrug.

Treu hingegen blieben die Venezianer im 13. und 14. Jahrhundert ihrer Feindschaft zu Genua, das sich als Seerepublik zum gefährlichsten Konkurrenten im Fernhandel mit dem Orient entwickelt hatte. Insgesamt vier Kriege führten die beiden Städte in der Zeit zwischen 1261 und 1381 gegeneinander, und die dazwischen liegenden Friedensabschnitte hätte man in späteren Zeiten als Phasen des «kalten Kriegs» bezeichnet. Der vierte Krieg mit Genua, der sogenannte Chioggia-Krieg (1378–1381), sah die Markus-Republik am Rand einer Katastrophe, als die genuesischen Truppen nach der Eroberung des Lagunenstädtchens Chioggia drohten, Venedig selbst zu besetzen. Der im letzten Moment aus der Levante zurückkehrenden venezianischen Flotte war es zu verdanken, dass der Gegner seinerseits eingeschlossen und nach erbitterten Kämpfen zur Kapitulation gezwungen werden konnte. Doch war es weniger diese Niederlage als vielmehr die innere Selbstzerfleischung Genuas, die den Kampf zwischen den Rivalen um die Seeherrschaft im östlichen Mittelmeer nach dem am 8. August 1381 in Turin vereinbarten Friedensvertrag schließlich zugunsten Venedigs entschied.

Zu diesem Zeitpunkt zeichnete sich allerdings ein neuer, weitaus gefährlicherer Konkurrent als Genua um die Vorherrschaft im östlichen Mittelmeer ab, nämlich das Osmanische Reich. Nach dem Untergang des kurzlebigen lateinischen Kaiserreichs hatte sich in Konstantinopel 1261 die griechische Herrscherdynastie der Palaiologen etabliert, doch schrumpfte deren Herrschaftsgebiet unter dem Druck der Osmanen rasch immer mehr zusammen. Mit der Eroberung Konstantinopels am 29. Mai

1453 durch Sultan Mohammed II. endete die Geschichte des Oströmischen Reichs. Venedig suchte den diplomatischen Ausgleich mit den neuen Herren am Bosporus und ließ sich bezeichnenderweise so schnell wie möglich die Handelsprivilegien für seine Kaufleute bestätigen. Doch auf die Dauer geriet die Republik angesichts der aggressiven Expansionsbestrebungen der Hohen Pforte mehr und mehr in die Defensive.

Die durch den Vormarsch der Osmanen abnehmende Attraktivität des Fernhandels war einer der Gründe dafür, dass Venedig seit dem späten 14. Jahrhundert sein Augenmerk zunehmend nach Westen richtete. Jedoch lag sein wachsendes Engagement auf dem italienischen Festland auch darin begründet, dass die Formen der indirekten Herrschaft, die es hier bisher ausgeübt hatte, immer deutlicher an ihre Grenzen stießen. Aus den vielen kleinen Stadtherrschaften einzelner *signori* hatten sich größere Territorien herausgebildet, am dynamischsten im Gebiet des von den Visconti beherrschten Mailand. Venedigs lange so erfolgreiche Politik des Ausspielens relativ schwacher Herrscher gegeneinander zeitigte daher nicht mehr den erwünschten Erfolg. So gingen die Venezianer, nach vorsichtigen Anfängen, vor allem während der langen Regierungszeit des Dogen Francesco Foscari (1423–1457, Abb. 4) mit zunehmender Entschlossenheit daran, große Gebiete des Festlands, der *terra ferma*, zu unterwerfen und direkt zu verwalten, und zwar durch gewählte Beamte aus dem venezianischen Patriziat. Schon bald umfasste der Festlandbesitz die heutige italienische Provinz Veneto mit den großen Städten Padua, Vicenza, Verona, Brescia, auch Bergamo, dazu im Norden und Nordosten das Friaul mit dem Hauptort Udine.

Langfristig führte der Ausbau der direkten Herrschaft über die *terra ferma* und die damit einhergehende Entwicklung administrativer Strukturen bei gleichzeitiger Abwendung vom Fernhandel mit seiner Ausrichtung auf den *stato da mar* zu einer Veränderung der venezianischen Gesellschaft und ihrer Mentalität, deren Bedeutung gar nicht hoch genug veranschlagt werden kann. An die Stelle der risikofreudigen Kaufleute traten Grundbesitzer, deren Einkünfte aus den bescheideneren, aber sicheren

4 Bartolomeo Bon,
Porträtbüste des Dogen
Francesco Foscari, um 1440

Renditen der Landwirtschaft resultierten. Natürlich vollzog sich diese Wandlung nicht von heute auf morgen, sondern über lange Zeiträume hinweg. Dennoch brachte sie Veränderungen in allen Bereichen des gesellschaftlichen Lebens mit sich, dessen Entwicklung nun etwas genauer in den Blick zu nehmen ist.

Die Verfassung von Gesellschaft und Staat

Zu den Charakteristika Venedigs zählte seine «aristokratische Verfassung, die das Problem einer innenpolitischen Ordnung gelöst zu haben schien», und zwar auf dauerhafte Weise. Auf ihre Verfassung waren die Venezianer besonders stolz und feierten sie in zahllosen politischen Schriften des späten Mittelalters und der Frühen Neuzeit. Doch bildete diese Verfassung keineswegs nur den Gegenstand selbstverliebten Eigenlobs. Der große Scholastiker und Kirchenlehrer Thomas von Aquin pries Venedig schon im 13. Jahrhundert für seine vorbildliche Verfassung, nicht anders als der Florentiner Humanist Poggio Bracciolini im

15. Jahrhundert. Unter den venezianischen Autoren prägte vor allem der Patrizier und spätere Kardinal Gaspare Contarini (1483–1542) die Wahrnehmung der venezianischen Verfassung in ganz Europa. In seinem Werk «De Magistratibus et Republica Venetorum» («Über die Ämter und die Republik der Venezianer», 1524–1534), das eine brillante Mischung aus Beschreibung, Analyse und Stilisierung der venezianischen Verfassung aufweist, ließ er dieselbe als einen Ausbund weitsichtiger Staatsklugheit erstrahlen.

Betrachtet man die Entwicklung der venezianischen Gesellschaft und der politischen Verfassung, so stellt man fest, dass wie im Bereich der Wirtschaft und der Außenpolitik auch hier zwei Faktoren bestimmend wirkten: zum einen die zentrale Bedeutung des Handels, zum anderen die Fixierung auf das Meer. Auf diesen beiden Faktoren beruhten sowohl die zeittypischen wie auch die spezifisch venezianischen Elemente jener Entwicklung.

Typisch für die Städte des hohen Mittelalters war die Ausbildung einer Kaufmannsoligarchie im Laufe des 11. Jahrhunderts, in deren Händen sich der Reichtum und schon bald auch die politische Macht konzentrierten. Typisch war ebenso die hohe soziale Durchlässigkeit dieser Gruppe in den Zeiten des wirtschaftlichen Aufschwungs, die bis ins frühe 14. Jahrhundert reichten. Der gesellschaftliche Aufstieg in die kommunale Elite konnte in kurzer Zeit, mitunter innerhalb eines einzigen Menschenlebens gelingen, freilich bestand auch die Gefahr eines ebenso raschen sozialen Abstiegs. Typisch war schließlich, dass der Kampf um die politische Macht innerhalb der reichen Führungsoligarchie mit harten Bandagen geführt wurde. Von den zahlreichen Dogen des 10. und 11. Jahrhunderts, die abgesetzt, geblendet oder ermordet wurden, haben wir bereits gehört.

Überall in den reichen Handelszentren Europas war die Macht der kleinen, aber wirtschaftlich dominanten Kaufmannsaristokratie labil und von gleich zwei Seiten her gefährdet: einerseits durch die immer wieder drohende und immer wieder auch gelingende Machtübernahme einzelner Familien, die sich dauerhaft an der Spitze der Kommune zu etablieren und die republikanische Verfassung durch eine autokratische zu ersetzen suchten; zu diesen Familien zählten etwa die Visconti in Mailand oder, das wohl berühmteste Beispiel, noch zu Beginn des 16. Jahrhunderts die Medici in Florenz. Auf der anderen Seite sah sich das städtische Patriziat, nachdem die gesellschaftlichen Strukturen im Laufe des 13. Jahrhunderts begonnen hatten sich zu verfestigen, durch nachrückende Aufsteiger aus den Reihen einfacher Bürger bedrängt, die zu Reichtum gelangt waren. In zahlreichen deutschen Städtechroniken des Mittelalters haben die oftmals blutigen Auseinandersetzungen zwischen Patriziern und Zünften um die Teilhabe an der politischen Macht ihren Niederschlag gefunden.

Zu den Besonderheiten Venedigs zählt nun, dass die soziale Schichtung, wie sie bis zum Beginn des 14. Jahrhunderts entstanden war, eine erstaunliche Stabilität über große Zeiträume bewahren sollte. Gewiss, ganz so hermetisch abgeschlossen wie lange angenommen war die venezianische Kaufmannsaristokratie, die Gruppe der Patrizier oder *nobili*, wie sie sich selber nannten, nicht. Am 28. Februar 1297 wurde zwar der Große Rat (*maggior consiglio*), die Versammlung aller männlichen Patrizier, die das 25. Lebensjahr erreicht hatten, für Neuzugänge geschlossen: Man schrieb damals fest, welche Familien in Zukunft den Zugang zur politischen Macht monopolisieren würden. Dies verhinderte jedoch nicht, dass in der Folgezeit noch mehr als dreißig Familien in den Großen Rat gelangten. Auch 1381, nach dem existenzbedrohenden Chioggia-Krieg gegen Genua, wurden nochmals dreißig neue Familien aufgenommen. Danach aber blieb der Zugang zu den politisch einflussreichen Ämtern tatsächlich für nahezu drei Jahrhunderte einer relativ kleinen Schicht von Patriziern vorbehalten, die im 15. Jahrhundert kaum mehr als vier Prozent der Gesamtbevölkerung ausmachte.

Bemerkenswert am venezianischen Adel war zudem zweierlei: Zum einen begründete er seinen Status über die kaufmännische Tätigkeit und nicht, wie der Adel überall sonst in Europa, durch Grundbesitz. Auch in anderen großen europäischen Handelszentren gab es natürlich eine Schicht von Kaufleuten, die durch den Handel reich geworden waren. Ein in Deutschland besonders berühmtes Beispiel waren die Augsburger Fugger. In ihrem Fall wie in zahllosen anderen drängte jedoch das im Handel gewonnene Kapital nach Sicherung und Nobilitierung durch den Erwerb von Grundbesitz, an dem dann ein Adelstitel hing. Das war in der Markus-Republik anders, und in dieser Hinsicht stellten die venezianischen *nobili* eine tatsächlich einmalige Ausnahme dar, auch nachdem sie ihre Tätigkeit vom Fernhandel auf die Bewirtschaftung von Gütern auf der *terra ferma* verlagert hatten. Die Angehörigen der Häuser Contarini, Cornaro, Dandolo, Mocenigo oder Morosini, um einige der führenden venezianischen Familien zu nennen, waren vollkommen damit zufrieden, venezianische *nobili* zu sein, und strebten nicht nach dem Feudaltitel etwa eines «Grafen» oder «Herzogs», wie es die Adligen im übrigen Italien und Europa dieser Epoche mit zunehmendem Eifer taten.

Die zweite Besonderheit der venezianischen Aristokratie bestand darin, dass die Zugehörigkeit zu ihr unabhängig vom wirtschaftlichen Wohlergehen einer Familie bzw. eines Familienzweiges Bestand hatte. Mit anderen Worten: Ein erwachsener Mann besaß automatisch Sitz und Stimme im Großen Rat, wenn mindestens sein Vater aus der Nobilität stammte (die Kinder einer Patrizierin, die bürgerlich geheiratet hatte, verloren ihren privilegierten Status) und wenn seine Eltern ihn in das von den *avogadori di comun* (Kommunaladvokaten) geführte Goldene Buch als Spross einer legitimen Ehe eingetragen hatten. Da nun aber die wirtschaftliche Entwicklung innerhalb des Patriziats höchst unterschiedlich verlief, entstand mit der Zeit ein regelrechtes Patrizier-Proletariat, das teilweise in bitterer Armut lebte. Nach den eigens für diese Gruppe errichteten «Sozialwohnungen» in der Nähe der Kirche Santa Barnaba auf dem Dorsoduro wurden diese verarmten *nobili* «barnabotti» genannt. Im Laufe der Zeit entwickelten sie sich zu einem wachsenden Problem für den venezianischen Staat.

Denn naheliegenderweise traten immer wieder Spannungen auf zwischen diesen bettelarmen, aber politisch privilegierten Patriziern und den *cittadini*, den Bürgern, die keinen Zugang zum Großen Rat besaßen und damit auch nicht zu den wichtigen politischen Ämtern der Republik. Diese Spannungen konnten einen tödlichen Ausgang nehmen, wie im Falle des im Jahre 1531 ermordeten *cittadino* Lunardo Masser, eines «sehr stolzen Mannes, der die Patrizier verachtete», so der Chronist Marin Sanudo in seinen Tagebüchern. Doch vielleicht bemerkenswerter noch als solche handgreiflichen Auseinandersetzungen ist die Tatsache, dass sie Einzelfälle blieben. Zu organisierten Aufständen der blockierten Sekundärelite kam es anders als in so vielen Städten Europas in Venedig nämlich nicht. Seine Begründung findet dies zumindest teilweise in dem Umstand, dass die *cittadini* gegenüber der einfachen Bevölkerung, den *popolani*, wiederum privilegiert waren, zumal wenn sie zu den in Venedig geborenen *cittadini originari* zählten.

Aus dieser bürgerlichen Elite rekrutierte sich die venezianische Beamtenschaft, an ihrer Spitze der Großkanzler der Republik – das prestigeträchtigste Amt, das ein Bürgerlicher erreichen konnte – sowie die staatlichen Sekretäre und Notare. Vor allem aber genossen die *cittadini* alle Handelsprivilegien, die in Venedig den Einheimischen zustanden. Viele von ihnen betätigten sich im Fernhandel, was ihren wirtschaftlichen Wohlstand begründete und dazu führte, dass reiche *cittadini* kaum anders lebten als die Angehörigen der großen Patrizierfamilien. Nur von der politischen Macht blieben sie wie gesagt ausgeschlossen.

Selbst zusammengerechnet bildeten diese beiden sozialen Gruppen allerdings nur eine kleine Minderheit. So zählte Venedig im Jahr 1540 insgesamt 129971 Einwohner, davon 4457, also etwa 3,5 Prozent, in der Stadt anwesende Aristokraten und vermutlich nur wenig mehr *cittadini*, während den Rest, um die 90 Prozent, die *popolani* ausmachten: Handwerker und Arbeiter, Gesinde und, bis in die Frühe Neuzeit hinein, die fast völlig rechtlosen Sklaven, sowie schließlich die Juden. Diese lebten seit 1516 in einem eigenen, ummauerten Wohnbezirk am nördlichen Rand des Stadtteils Canareggio: dem «Ghetto», das seinen Namen von einer an dieser Stelle früher einmal gelegenen Kanonengießerei (ital. «gettare» = gießen) erhielt.

Führt man sich die rigide ständische Gliederung der venezianischen Bevölkerung vor Augen, so verdient die Stabilität der Verfassung umso größere Beachtung. Über einen Zeitraum von nahezu einem halben Jahrtausend hinweg, von 1355, als der Doge Marino Falier beschuldigt wurde, die Macht an sich reißen zu wollen, und deswegen hingerichtet wurde, bis zum Untergang der Republik 1797, blieb die Serenissima von gewaltsamen Umsturzversuchen, von Volksaufständen und Revolten verschont. Einer der Gründe für diese Stabilität lag darin, dass es gelungen war, die politischen Ambitionen der Dogen zu zähmen.

Noch im Hochmittelalter hatten immer wieder Aufstände gegen allzu autokratische Dogen die Gemeinde erschüttert und energische Gegenmaßnahmen provoziert. Das Ergebnis war, dass die Macht des venezianischen Staatsoberhauptes immer einschneidenderen Restriktionen unterworfen wurde. Schon 1143 wird erstmals ein Rat (*consiglio*) von sechs Vertretern der sechs venezianischen Stadtteile erwähnt (je drei lagen westlich des Canal Grande – Santa Croce, San Polo und Dorsoduro – und östlich davon – Canareggio, San Marco und Castello). Dieses Gremium sollte den Dogen beraten, damit aber auch kontrollieren. Auf diese Weise entstand so etwas wie ein Kabinett, und aus dem Dogen wurde eher ein Regierungschef als ein autonomer Herrscher. So war es nur konsequent, dass schon wenige Jahre später die Dogen nach ihrer Wahl einen feierlichen Eid ablegen mussten, in dem sie schworen, die Gesetze zu befolgen und keine eigenmächtigen Entscheidungen zu treffen. Diese sogenannten Promissionen nahmen im Laufe der Zeit einen immer größeren Umfang an, bis sie schließlich als kleine gedruckte Bücher erschienen.

Daneben sollte eine Vielzahl von Bestimmungen verhindern, dass der Doge im Zuge seiner Amtsausübung zu viel Macht für sich oder seine Familie erlangte. So musste er nach seiner Wahl den Familiensitz verlassen und in den Dogenpalast umziehen, wo er von den ihm zur Verfügung gestellten Staatsgeldern zu residieren und zu repräsentieren hatte. Privatgeschäfte waren ihm verboten. Auch seine Familie unterlag strengen Beschränkungen, die Söhne durften weder Staatsämter innerhalb Venedigs bekleiden noch Geschenke annehmen. Wollten sie eine Ausländerin heiraten, so mussten sie sich das genehmigen lassen, denn immer bewegte die Venezianer die Sorge, fremde Interessen könnten bestimmenden Einfluss auf die Politik der Republik gewinnen. Des Weiteren war es dem Dogen verboten, Beratungen abzuhalten oder gar Beschlüsse zu fassen, ja, selbst seine Post zu öffnen, ohne dass die Angehörigen des *consiglio* dabei waren.

Angesichts dieser strengen und immer strengeren Beschränkungen der Macht des Staatsoberhaupts könnte man meinen, dass die Dogen, die noch zu allem Überfluss in der Regel in hohem Alter gewählt wurden, kaum in der Lage waren, eine bestimmende Rolle in der venezianischen Politik zu spielen. Doch das taten sie durchaus, und dabei kamen ihnen zwei strategische Vorteile zugute: Zum einen wurden sie, im Gegensatz zu allen anderen Amtsinhabern, auf Lebenszeit gewählt. Zum anderen aber waren allein die Dogen in allen wichtigen politischen Gremien der Serenissima präsent, was dazu führte, dass nur sie einen Überblick über die jeweiligen Konstellationen in diesen Gremien hatten. So konnten sie, politisches Geschick und Machtbewusstsein vorausgesetzt, die Vertreter unterschiedlicher Parteien gegeneinander ausspielen.

Gewählt wurden die Dogen in einem überaus komplizierten Verfahren von Wahlmännern aus dem Großen Rat, der als Gesamtvertretung aller zur politischen Partizipation berechtigten Patrizier in gewisser Weise das venezianische Parlament darstellte. Tatsächlich galt er den zahllosen Lobrednern der venezianischen Verfassung als deren demokratisches Element. Doch bei nüchterner Betrachtung muss man bedenken, dass nicht einmal fünf Prozent der städtischen Bevölkerung hier versammelt waren, und dies nicht etwa durch Wahl, sondern durch vererbte Privilegien. Auch wandelte sich der Große Rat im Laufe der Zeit mehr und mehr von einem Entscheidungs- zu einem Wahlgremium, das nicht nur den Dogen bestimmte, sondern auch die Ämter der wachsenden venezianischen Bürokratie besetzte.

Die grundlegenden politischen Entscheidungen wurden hingegen in kleineren, feineren Gremien getroffen. Der Senat, ein

Ausschuss des Großen Rats mit zunächst 60 Angehörigen, deren Zahl jedoch im Laufe der Zeit auf 300 wuchs, entwickelte sich ab dem 13. Jahrhundert zur Herzkammer der Handels- und Außenpolitik. Vor dem Senat hatten auch die venezianischen Gesandten an den europäischen Höfen nach dem Ende ihrer Mission detaillierte Abschlussberichte vorzutragen, die sorgsam archiviert wurden und bis heute zu den interessantesten Dokumenten nicht nur der venezianischen, sondern der gesamten europäischen Politik in der Frühen Neuzeit zählen.

Ein anderes, ebenfalls als Ausschuss aus dem Großen Rat hervorgegangenes Verfassungsorgan war der Rat der Vierzig *(Quarantia)*, der sich als höchste Appellationsinstanz zu einer zentralen juristischen Institution entwickelte. Nach einer gescheiterten Verschwörung unter Führung des Patriziers Baiamonte Tiepolo im Jahre 1310 wurde des Weiteren mit dem Rat der Zehn *(Consiglio dei Dieci)* eine Institution ins Leben gerufen, die als Behörde für die «innere Sicherheit» im Laufe der Zeit eine wachsende Zahl von Kompetenzen an sich zog. Aus ihr ging schließlich im 16. Jahrhundert ein Gremium von besonders dunklem Ruf hervor: die Staatsinquisition *(Inquisitori di Stato)*. Man fürchtete, in besonders delikaten Angelegenheiten könnten Verhandlungen im Rat der Zehn (an dessen Sitzungen auch der Doge und seine Räte aus den sechs Stadtbezirken teilnahmen, so dass es sich eigentlich um einen «Rat der Siebzehn» handelte) die Geheimhaltung gefährden. Und so beauftragte man zwei Angehörige der «Zehn» und einen der Räte des Dogen, Fälle zu verfolgen, in denen es um Spionage und staatsfeindliche Umtriebe ging. Da die drei Staatsinquisitoren geheim tagten, mit der Zeit ein umfangreiches Spitzelwesen aufbauten und zudem ihre Kompetenzen ausweiteten, umgab sie vor allem im 18. Jahrhundert eine geheimnisvolle Aura. Der Volksmund nannte sie *i tre babài*, «die drei Gespenster». Tatsächlich aber war auch die Macht der Staatsinquisitoren durchaus begrenzt, schon durch den Umstand, dass sie lediglich auf ein Jahr gewählt wurden und nur gemeinsam vorgehen konnten.

Über diese zentralen Gremien hinaus gab es eine Vielzahl von Ausschüssen und Kommissionen aller Art, die sich mit Verwaltungsaufgaben und dem Gesundheitswesen, militärischen Fragen oder solchen der Handelsorganisation befassten, aber auch mit dem Wasserhaushalt der Lagune oder der Instandhaltung der Kanäle. Mitunter wurden diese *savi* (Weisen) oder *provveditori* (Aufseher) nur auf kurze Zeit einberufen, um ein aktuelles Problem zu lösen. Doch besaßen sie dann (wie bürokratische Institutionen allgemein) eine hartnäckige Tendenz zur Verstetigung. Andere Ausschüsse, wie etwa die *savi grandi*, die für die Vorbereitung der Senatssitzungen zuständig waren, oder die *provveditori di comun*, die mit der Beaufsichtigung öffentlicher Arbeiten betraut wurden, zählten zu den einflussreichsten Regierungsgremien. Die Kompliziertheit des venezianischen Ämterwesens wurde noch dadurch gesteigert, dass die Kompetenzen der Behörden, wie in der Vormoderne allgemein zu beobachten, in den wenigsten Fällen präzise definiert waren und darüber hinaus dazu neigten, sich im Laufe der Zeit zu verschieben.

Gemeinsam jedoch war allen Ämtern mit Ausnahme des Dogenamtes, dass sie nur auf beschränkte Zeit vergeben wurden, meist für ein Jahr, mitunter sogar für noch kürzer. Das verhinderte den Aufbau individueller Machtpositionen, allerdings auch den Erwerb von ausgeprägter Fachkompetenz. Insgesamt wurden die nachhaltigen Vorteile der venezianischen Verfassung, nämlich die Einhegung individuellen Ehrgeizes durch ein ausgeklügeltes System von Kompetenzbeschränkungen und gegenseitigen Kontrollen, mit schwerwiegenden Nachteilen erkauft, nämlich Ineffizienz und Kompetenzchaos, die in der Spätphase der Republik eine geradezu lähmende Wirkung entwickelten. Dabei spielte auch die Tatsache eine Rolle, dass die venezianische Verfassung, wie auch andere Verfassungen in der Frühen Neuzeit, als ein gewachsener Organismus und nicht als ein beliebig veränderbarer, rationaler Steuerungsmechanismus verstanden und deswegen nie einer systematischen Reform unterzogen wurde.

Auffällig ist schließlich folgender Kontrast: Auf der einen Seite herrschte in Venedig bürokratischer Wildwuchs, auch das «Prinzip Misstrauen», ein pessimistisches Menschenbild, das als Gestaltungsprinzip hinter den einzelnen Elementen der venezianischen Verfassung immer wieder hervortritt, und auf der anderen Seite waltete eine Liberalität und ideologische Gelassenheit, für welche die Serenissima zugleich berühmt war. Auch dieser scheinbar unüberbrückbare Gegensatz wird verständlich, wenn wir uns die prägenden Elemente des venezianischen Weltbilds in Erinnerung rufen.

«Toleranz» und «Liberalität»

Die «Toleranz gegenüber religiösen und philosophischen Meinungen; das Asyl freiheitlicher Ideen und politischer Emigration» – all diese Begriffe, die im Zeitalter der Postmoderne in den spätdemokratischen Gesellschaften des Westens so sympathisch berühren, sind für einmal nicht nur anachronistische Rückprojektionen der Gegenwart auf die Lebenswelt des Spätmittelalters und der Frühen Neuzeit. Diese Eigenschaften wurden den Venezianern vielmehr schon von den Zeitgenossen zugeschrieben. Eine gewisse Berühmtheit erlangte die Lobeshymne, die Francesco Petrarca im rhetorisch hochtönenden Stil humanistischer Sprachgelehrsamkeit im Jahre 1364 auf die Seerepublik anstimmte: «Die höchst erhabene Stadt der Veneter, das eine Haus der Freiheit, des Friedens und der Gerechtigkeit, ein Hort der Guten, ein Hafen, dem alle zustreben, die gut leben wollen, während sie von den Stürmen der Tyrannei und des Krieges durchgerüttelt werden; eine Stadt reich an Gold, doch reicher noch an Ruhm; mächtig durch Reichtum, mächtiger noch durch Tugend; auf marmornen Fundamenten gegründet, aber durch den soliden Sockel der Einheit der Bürger befestigt; von Salzfluten umgeben, aber sicherer noch durch weise Ratschlüsse» (zit. nach Rösch, Venedig, S. 65). Der Humanist stand nicht allein mit dieser emphatischen Sicht der Dinge. Im von inneren und äußeren Kämpfen erschütterten Italien des 14. und 15. Jahrhunderts galt Venedig tatsächlich vielen als Hort der Sicherheit und der Toleranz.

Allerdings sollten wir den Begriff der Toleranz nicht im modernen Sinne anwenden, wenn wir versuchen wollen, das geistige Klima, die damalige Lebensatmosphäre der Lagunenstadt zu erfassen. Tolerant im heutigen Sinne, dem eines gleichgültigen *laisser-faire*, war keine Gesellschaft in der vormodernen Welt, in der die Dinge, der Mensch als *homo Dei* und nicht zuletzt die einzelnen Stände der Gesellschaft ihren festen Platz hatten, begründet durch eine Weltsicht, in der Diesseits und Jenseits nur unterschiedliche Ausprägungen, verschiedene Sphären ein und derselben Wirklichkeit waren. Die Inbrunst, mit der die Venezianer die Gebeine des heiligen Markus verehrten, beruhte auf dem felsenfesten Glauben, dass durch die Fürsprache des Heiligen bei Gott der Lauf der Dinge auf dieser Welt verändert werden könne. In diesem Sinne waren die Venezianer fromm wie alle Menschen der Vormoderne. Ihrer Frömmigkeit entsprangen die zahlreichen prächtigen Kirchen und Klöster der Stadt. Von diesen gingen einige als Votivkirchen auf Gelöbnisse der venezianischen Regierung zurück, zum Dank für die Befreiung von verheerenden Pestepidemien keine Kosten und Mühen bei der Errichtung eines neuen Gotteshauses scheuen zu wollen. Auf diese Weise entstand etwa Il Redentore (die Erlöser-Kirche, 1577–1592) auf der Giudecca-Insel, ein Meisterwerk des großen Renaissance-Architekten Andrea Palladio, oder die nach San Marco wohl berühmteste Kirche Venedigs, die malerisch am Eingang des Canal Grande gelegene Santa Maria della Salute, die nach Plänen Baldassare Longhenas im 17. Jahrhundert errichtet wurde (Abb. 5).

Die Toleranz der Venezianer hatte also nichts mit Gleichgültigkeit in Glaubensdingen, gar mit Unglauben oder Atheismus zu tun. Sie erhielt jedoch ihre spezifische Prägung durch die vorherrschende Tätigkeit der Venezianer als seefahrende Kaufleute und durch eine früh entwickelte, überaus starke Identifikation der Einwohner mit ihrem Gemeinwesen. Die weitreichenden Handelsbeziehungen der Venezianer machen verständlich, dass ihre Gelassenheit im Umgang mit fremden Kulturen, auch fremden Glaubensvorstellungen schon deshalb ausgeprägt war, weil sie es sein musste – jedenfalls solange sich die Angehörigen anderer Nationen und Glaubensrichtungen bei ihren Besuchen am Rialto dem rigiden Regelsystem unterwarfen, das die venezianische Regierung ihnen vorschrieb. Händler, die aus dem Orient oder den von den Osmanen eroberten Gebieten des Balkans ka-

5   Baldassare Longhena, Santa Maria della Salute, 1632–1687

men, hatten ihre Unterkunft im *Fondaco dei Turchi* zu nehmen,
so wie die Deutschen im *Fondaco dei Tedeschi* logierten. Wenn
sie ihre Waren ordnungsgemäß zum Verkauf anboten, sich an
die Vorschriften bei der Abwicklung der Geschäfte hielten und
brav ihre Abgaben, Gebühren und Zölle entrichteten, mochten
sie im übrigen ihren Sitten und Gebräuchen nachgehen, solange
sie damit nicht die öffentliche Ordnung störten.

Umgekehrt reagierten die Venezianer oder vielmehr die Regierung der Serenissima seit jeher höchst allergisch auf alle Versuche, ihre Hoheitsrechte zu beschneiden. Nach Lage der Dinge mussten daraus sehr grundsätzliche Konflikte mit kirchlichen Autoritäten aller Art entstehen – und in der Tat haben wir es hier mit einem Leitmotiv der venezianischen Geschichte über die Jahrhunderte hinweg zu tun. Diese Auseinandersetzungen als Kampf gegen *die* Kirche zu bezeichnen, würde allerdings vollkommen in die Irre führen. Denn das Erscheinungsbild der heutigen katholischen Kirche mit ihrer strengen Ausrichtung auf die päpstlich-römische Zentrale stammt aus dem 19. Jahrhundert und war mithin den alten Venezianern gänzlich unbekannt. Etwas (aber nur etwas) überspitzt gesagt: *Die* Kirche gab es in der Vormoderne gar nicht. Was es gab, war eine Vielzahl kirchlicher Institutionen, von den Bettelordensgemeinschaften über einfache Pfarreien und Klöster mit ihren Priestern und Äbten, über Stifte und Domkapitel, Bischöfe und Erzbischöfe bis hin zum Papst und seinen Kardinälen in Rom – alle mit ihren eigenen Sorgen, Interessen und Zielen, die oftmals fundamental divergierten.

Erst vor diesem Hintergrund begreift man, wie komplex das Problem der venezianischen Führungsschicht war, wenn sie sich darum bemühte, Ansprüche von Klerikern konsequent zurückzudrängen. Denn eines war klar, unabhängig von aller Vielfalt der Erscheinungsformen geistlichen Lebens im vormodernen Europa: Geistliche besaßen nicht die unbedingte Loyalität gegenüber der weltlichen Obrigkeit, die man in Venedig erwartete. So war es nur folgerichtig, dass sie in Venedig seit 1474 von allen Staatsämtern ausgeschlossen waren. Patriziersöhne, welche die kirchlichen Gelübde ablegten, verloren ihren Sitz im *maggior consiglio*. In späterer Zeit wurde es üblich, Senatoren, die Verwandte im Bischofs- oder Kardinalsrang hatten, von den Senatssitzungen auszuschließen, sobald in diesen über Angelegenheiten beraten wurde, die das Verhältnis zum Papst in Rom betrafen. Da aber nicht wenige Patrizierfamilien jüngere Söhne eine kirchliche Laufbahn absolvieren ließen, resultierten aus diesen Bestimmungen ebenso Querelen wie aus der Besteuerung

des Klerus, an der die venezianische Regierung konsequent festhielt, oder aus den Eingriffen in die kirchliche Gerichtsbarkeit,
die immer wieder vorkamen.

Die politischen Leitlinien, denen die venezianischen Patrizier
jenseits aller natürlich auch an der Lagune auftretenden Parteikämpfe folgten, waren einerseits die Förderung der wirtschaftlichen Interessen Venedigs, andererseits die Unabhängigkeit der
Republik. Sie führten nicht nur zu ständigen Auseinandersetzungen mit dem Klerus vor Ort, sondern auch mit den Herrschaftsansprüchen der Päpste. Über Jahrhunderte hinweg stellte
schon die Frage, welcher Kirchenprovinz Venedig zugehöre, einen Streitpunkt dar, bis 1451 der bis dahin in der kleinen Küstenstadt Grado residierende Patriarch seinen Amtssitz nach Venedig verlegte. Dort bekam er allerdings seine Unterkunft und
Hauptkirche an der äußersten östlichen Peripherie des Stadtgebietes zugewiesen. Wer noch heute anschaulich erfahren möchte, mit welcher Konsequenz die venezianischen Politiker die
Konkurrenz kirchlicher Autoritäten buchstäblich an den Rand
drängten, der muss nur den langen Fußweg zum einstigen Patriarchensitz San Pietro im Stadtteil Castello zurücklegen.

Bezeichnenderweise wurde der Patriarch von Venedig auch
nicht etwa vom Papst ernannt, sondern vom Senat gewählt.
Und auch bei der Besetzung der Bistümer, die zum venezianischen Herrschaftsgebiet gehörten und die teilweise mit reichen
Einkünften dotiert waren, achtete die Regierung der Serenissima darauf, dass die Leitung der Diözesen in den Händen der
führenden Familien aus der Nobilität blieb. Schaut man sich die
Bischofslisten der besonders «fetten» Bistümer Brescia, Vicenza
und Padua an, so wird deutlich, wie hier geradezu Erbhöfe zur
Versorgung von jüngeren Patriziersöhnen entstanden. Dass daraus ein beträchtliches Konfliktpotential mit der Kurie in Rom
erwuchs, liegt auf der Hand. Zu welch kompromisslosem Vorgehen die venezianische Regierung immer wieder bereit war, sobald sie ihre vitalen Interessen betroffen sah, konnten wir bereits am Beispiel der «Contelori-Affäre» sehen, bei der es am
Ende um nichts anderes gegangen war als um die politische
Deutung des Friedens von Venedig im Jahre 1177. Die Politiker

im Dogenpalast schreckten damals nicht davor zurück, auf den Kopf eines fleißigen Gelehrten in Rom eine Prämie auszusetzen, weil er Kritik an einem politischen Gründungsmythos der Republik geäußert hatte. Ein derart brachiales Vorgehen war kein Einzelfall, im Gegenteil: Venedig war im späten Mittelalter berüchtigt für die virtuose Rücksichtslosigkeit, mit der es Spione und Giftmörder einsetzte.

Dem Ruf von Toleranz und Liberalität, welche die Serenissima fremden Besuchern gegenüber in Glaubensfragen an den Tag legte, stand also eine zweifelhafte Reputation für die brutale Durchsetzung ihrer diesseitigen Interessen gegenüber. Der Papst und gelehrte Humanist Pius II. Piccolomini (1458–1464), selbst ein energischer Machtpolitiker, sprach eine weit verbreitete Meinung aus, als er 1461 über die Venezianer schrieb: «Sie wollen als Christen vor der Welt erscheinen, aber in Wirklichkeit denken sie niemals an Gott, und außer dem Staat, den sie als eine Gottheit ansehen, gilt ihnen nichts als geweiht und heilig. (...) Was der Senat beschließt, ist heilig, auch wenn es im Gegensatz zur Heiligen Schrift steht.»

So war es denn auch keineswegs einer besonderen Offenheit gegenüber theologischen oder allgemein wissenschaftlichen Fragen zu verdanken, wenn Venedig im Laufe der Zeit den Ruf eines geistig aufgeschlossenen Klimas erlangte. Eine Universität gab es nicht, die heutige Università Ca' Foscari wurde erst 1868 gegründet. Bis dahin musste, wer studieren wollte, an die altehrwürdige Universität in Padua auf der *terra ferma* gehen, die nach der Einverleibung Paduas in das venezianische Staatsgebiet von einer eigenen Behörde im Dogenpalast, den *Riformatori dello Studio di Padova*, geleitet wurde.

Von grundlegender Bedeutung für das intellektuelle Klima Venedigs war jedoch mehr noch als die nahe Universitätsstadt das Zusammentreffen von Reisenden aus aller Herren Ländern am Markt von Rialto. Sie brachten neue Ideen nach Venedig, zu deren Verbreitung in wachsendem Maße der Buchdruck beitrug. Die erste Druckerei entstand in Venedig bereits im Jahr 1469, betrieben von einem Deutschen, Johann von Speyer. Und die Produktionskapazitäten wuchsen schnell. Allein in den drei

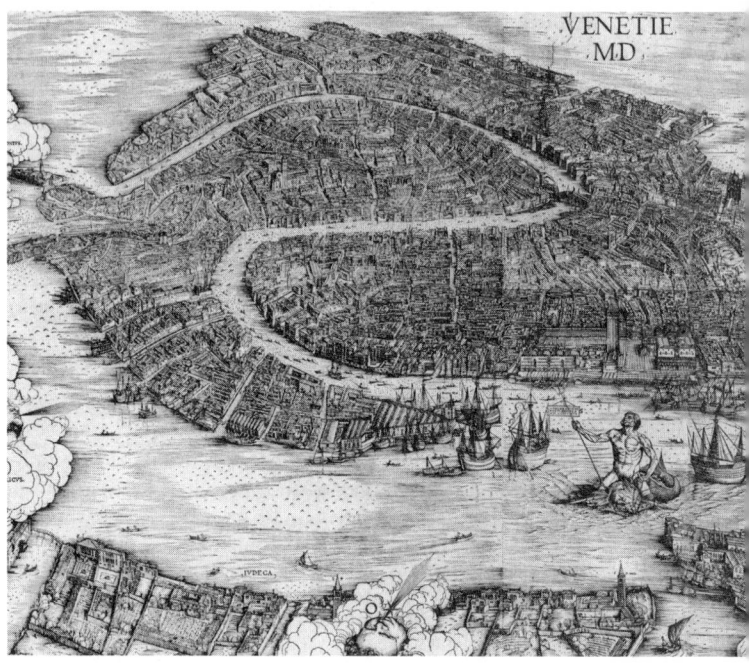

Jahrzehnten zwischen 1469 und 1500 öffneten an der Lagune
154 Druckereien, und im Laufe des 16. Jahrhunderts entwickelte sich Venedig dann zum bei Weitem wichtigsten Zentrum des
Buchdrucks in Italien, in dem dreieinhalb Mal so viele Bücher
hergestellt wurden wie in Mailand, Florenz und Rom zusammen. Um die einhundert Verleger-Buchhändler produzierten
während der Blütezeit des Verlagsstandorts Venedig im 16. Jahrhundert zwischen 15 und 20 Millionen Bücher. Dadurch wurden der Buchdruck und der Buchhandel zu Wirtschaftsfaktoren
von beachtlicher Bedeutung.

Daneben trug die Entwicklung der Stadt zu einem europaweit
führenden Zentrum der «schwarzen Kunst» in erheblichem
Maße auch zur Verbreitung des «Mythos Venedig» bei. Dank
der in verhältnismäßig großen Auflagen hergestellten Bücher,
Holzschnitte und Kupferstiche erreichte der Ruhm der glanz-

6 Der Barbari-Plan,
1498–1500

vollen Metropole auf dem Wasser auch jene Zeitgenossen, die
nie Gelegenheit gehabt hatten noch je bekommen sollten, die
Wunderstadt mit eigenen Augen zu sehen. Wenn der Engländer
Andrew Borde in seinem «First Boke of the Introduction of
Knowledge» (1542) kurzerhand konstatierte, dass niemand,
der Venedig nicht kenne, einen Eindruck von den Schönheiten
und Reichtümern dieser Welt habe, so äußerte er damit eine Ansicht, die keinerlei Anspruch auf Originalität erheben konnte.

Die europaweite Kenntnis vom Glanz Venedigs profitierte jedoch nicht nur indirekt vom sich rasch entwickelnden Verlags-
gewerbe. Vielmehr wurde der Buchdruck von der Serenissima
sehr bewusst und gezielt zur Verbreitung des eigenen Ruhmes
eingesetzt. Das lässt sich besonders eindrücklich an der Entstehung des spektakulärsten Stadtbilds der Frühen Neuzeit überhaupt aufzeigen, jener Darstellung Venedigs aus der Vogel-

schauperspektive, die dem venezianischen Künstler Jacopo de'
Barbari zugeschrieben wird und zu Beginn des 16. Jahrhunderts
publiziert wurde (Abb. 6). Der Plan besticht schon durch seine
schiere Größe (137 x 282 Zentimeter), zudem aber durch seine
hohe künstlerische Qualität und seinen Detailreichtum. Sie
führten dazu, dass manche Kunsthistoriker keinen Geringeren
als Albrecht Dürer für den Urheber gehalten haben. Im Hinblick auf die künstlerische Leistung ist diese Vermutung gar
nicht einmal abwegig (zumal wir wissen, dass Dürer 1494 und
1506/07 tatsächlich in Venedig gewesen ist) – wohl aber mit
Blick auf den Detailreichtum, die geradezu manische Perfektion
in der Behandlung von Einzelheiten, die in dieser Form nur je-
mandem zuzutrauen ist, der mit dem Erscheinungsbild Venedigs
urvertraut war. Dank dieses Detailreichtums stellt der Barbari-
Plan bis heute eine wichtige Quelle für die Rekonstruktion des
venezianischen Stadtbilds in der Frühen Neuzeit dar. Auch dieses Stadtbild hatte damals längst begonnen, die Besucher der
Lagunenstadt durch seine eigenartige Pracht zu faszinieren.

Feste und Kunst

Hören wir abermals Carl Schmitt, der als weiteren Grund für
den Ruhm der Serenissima anführt: «Dazu kommt der bezaubernde Reiz prunkvoller Feste und künstlerischer Schönheit.»
Venedigs Schönheit beruhte nicht nur auf dem legendären
Reichtum seiner Kaufleute und den daraus resultierenden Möglichkeiten der Kunstpatronage. Sie verdankte sich zugleich der
einzigartigen Mischung von Elementen der griechisch-byzanti-
nischen Tradition, unter deren Einfluss Venedig lange Jahrhunderte stand, und Traditionen des lateinischen Westens; letztere
machten sich mehr und mehr bemerkbar, seit die Serenissima
begann, den Blick auf das italienische Festland zu richten.
     Und noch etwas kam hinzu: die Lage Venedigs nicht *am*, son-
dern *im* Wasser. Die *muri salati*, die salzenen Mauern des Lagu-
nenwassers schützten Venedig vor Feinden wirksamer, als es
alle Mauern aus Stein vermochten. Sie gestatteten damit die
Entwicklung eines Baustils, der sich von dem der Städte auf

7   Der Dogenpalast, 14.Jh.

dem Festland grundlegend unterschied. Nicht etwa geschlossene, abweisende Mauern mit einem geradezu festungsartigen Erscheinungsbild charakterisierten die venezianischen Gebäude, sondern Offenheit und Zugänglichkeit. In einer Epoche, in der Privatpaläste ebenso wie Regierungssitze immer auch als potentielle Zufluchtsorte gebaut wurden und ein entsprechendes Äußeres annahmen, wirkte die geradezu demonstrative Leichtigkeit der gotischen Arkaden des Dogenpalastes (Abb. 7) wie die absichtsvolle Inszenierung der inneren Geschlossenheit einer befriedeten Gesellschaft. Und auch die Privathäuser der reichen Kaufleute zeigten mit ihren weiten Portalen im Erd- oder besser Wassergeschoss, dass ihre Bewohner keinerlei Anlass sahen, sich vor inneren oder äußeren Feinden zu fürchten.

Mehr und mehr entwickelten sich aus den ursprünglich einfachen, oft aus Holz gebauten Häusern prächtige Paläste mit marmorverkleideten Fassaden. Sie behielten allerdings in programmatischer Weise den Namen «casa» («Haus») bei, so dass der einzige Palast Venedigs, der als solcher bezeichnet wurde, der Dogenpalast war: auch dies ein Ausdruck des venezianischen

Selbstverständnisses, das die Unterordnung aller Bürger unter die Kommune geradezu zur Staatsideologie gemacht hatte. Doch ob Haus oder Palast oder auch Kirche, die Architektur der venezianischen Gebäude blieb noch lange nach der politischen Emanzipation von Konstantinopel geprägt von der Formensprache oströmischer Traditionen. Am deutlichsten wird das dem heutigen Betrachter (weil viele Profangebäude des Mittelalters im Laufe der Zeit abgerissen wurden) am Beispiel von San Marco. Schon im Grundriss, dem griechischen Kreuz mit vier annähernd gleich langen Armen, zitiert der Bau des 11. Jahrhunderts das Vorbild, an dem er sich orientierte: die Apostelkirche in Konstantinopel. Und auch die Innenausstattung der Markus-Kirche fasziniert bis heute nicht zuletzt deshalb, weil sie mit ihrer überreichen Ausstattung an kostbaren Mosaiken byzantinischen und nicht lateinischen Traditionen verhaftet blieb. Wie denn überhaupt die bildende Kunst Venedigs bis ins 14. Jahrhundert hinein Ikone und Mosaik, nicht Fresko und Tafelbild als Darstellungsmedien bevorzugte.

Der Wandel, die Wendung nach Westen, vollzog sich in der Kunst wie gesagt parallel zur Eroberung der *terra ferma* im Laufe des 15. Jahrhunderts. Die Geschichte der Malerfamilie Bellini lässt die künstlerischen Grundzüge dieses Wandels ebenso erkennen wie seine gesellschaftlichen Hintergründe und die individuellen Lebenserfahrungen, die ihn beförderten. Jacopo Bellini (um 1396–1470/71) unterhielt zusammen mit seinem Halbbruder Giovanni seit den 1420er Jahren nicht weit von San Marco eine der bedeutendsten Malerwerkstätten der Stadt. Er hatte als Sohn eines Zinnschmiedes sein Handwerk in der Heimatstadt gelernt, wurde aber vor allem geprägt durch den Florentiner Künstler Gentile da Fabriano, der 1408 den Auftrag erhalten hatte, den Versammlungssaal des Großen Rats im Dogenpalast auszumalen. Schon die Tatsache, dass die venezianische Regierung einen Ausländer mit dieser prestigeträchtigen Aufgabe betraute, lässt die kulturelle Öffnung der Serenissima für neue Einflüsse aus dem Westen erkennen, für jene künstlerische Revolution, die sich im Florenz dieser Jahrzehnte mit der Entdeckung und raschen Durchsetzung der Perspektivmalerei ereignete. Jacopo Bellini reiste 1423 selbst nach Florenz und kehrte tief beeindruckt von den neuen Entwicklungen in der Malerei an die Lagune zurück. Seine Skizzenbücher zeugen von den intensiven Studien, die er dem Problem der Perspektive widmete.

In seinem Testament vererbte er diese Skizzenbücher seinen Söhnen Gentile (1429?-1507) und Giovanni (um 1433–1516) – ein Beispiel für die Funktionsweise der künstlerischen Handwerksbetriebe dieser Epoche, in der Farbrezepte, Skizzenbücher und die Ausstattung der Werkstatt nicht anders als der Beruf selbst von Generation zu Generation weitergegeben wurden. Seine Tochter Niccolosia verheiratete Jacopo Bellini 1453 mit dem aus der Nähe von Padua stammenden jungen, hochtalentierten Maler Andrea Mantegna (1431–1506), der später ebenso wie seine Schwager zu den berühmtesten Künstlern der Epoche zählte. Anders als diese jedoch blieb Mantegna nicht in Venedig, sondern trat 1460 als einer der ersten Hofkünstler in den Dienst der Herzöge von Mantua aus der Familie Gonzaga.

Die Werkstatt von Giovanni und Gentile Bellini legte in der zweiten Hälfte des 15. Jahrhunderts, in der sich die Ölmalerei auf Tafeln oder Leinwand in Venedig endgültig durchsetzte, eine in Qualität wie Quantität erstaunliche Produktivität an den Tag. Nach dem Tode von Gentile am 23. Februar 1507 galt sein Bruder Giovanni als ungekrönter König unter den Malern an der Lagune. Albrecht Dürer lernte ihn während seines zweiten Venedigaufenthalts 1506/07 kennen. Während die übrigen italienischen Maler mit dem deutschen Kollegen auf eher hakligem Fuße standen, äußerte sich Bellini respektvoll und zeigte aufrichtiges Interesse am Werk des Nürnbergers. Umgekehrt schrieb Dürer 1506 an den Humanisten Willibald Pirckheimer anerkennend über Giovanni Bellini: «Er jst ser alt vnd jst noch der pest jm gemoll.» («Er ist sehr alt und immer noch der Beste in der Malerei.»)

Doch war der Familienbetrieb der Bellini nur die berühmteste, bei weitem nicht die einzige betriebsame Malerwerkstatt im Venedig dieser Zeit. Der künstlerische Glanz der Stadt, der die Bewunderung von Besuchern aus aller Welt hervorrief, zeigte

8   Gentile Bellini, Prozession der

sich in immer prächtigeren Ausstattungen von Kirchen, deren
Altäre mit kostbaren Reliquienschreinen ebenso wie mit suggestiven Ölgemälden geschmückt wurden. Im Vergleich zu dem
Aufwand, den die Venezianer bei der Ausstattung ihrer Kirchen
betrieben, kam der Darstellung weltlicher Themen im 15. Jahrhundert weitaus geringere Bedeutung zu. Dennoch sind die Gemälde dieser Zeit auch eine wichtige Quelle für das damalige
Erscheinungsbild der Stadt und ihrer Bewohner, da sie nämlich
als Hintergrund von Heiligenlegenden und biblischen Geschich-

Bruderschaft des Giovanni Evangelista, 1496

ten gerne den städtischen Rahmen der Alltagswelt zeigen. Dieser ist etwa auf einem Gemälde Gentile Bellinis aus dem Jahr 1496 zu erkennen, das die Prozession der Bruderschaft (*scuola*) des Evangelisten Johannes zu Ehren des heiligen Markus darstellt (Abb. 8). Eindrucksvoll nimmt sich die strenge Ordnung des Festzugs besonders vor der Weite der Platzanlage mit der Markus-Kirche im Hintergrund aus, die von unbeteiligten Zeitgenossen nur mäßig belebt wird.

Prozessionen an kirchlichen Feiertagen wie die von Gentile

Bellini gemalte gehörten fast schon zu den gewöhnlichen Erscheinungen des öffentlichen Lebens in Venedig, so häufig waren sie. Zwar spielten derartige zeremonielle Umzüge nach einem mehr oder minder genau festgelegten Schema in allen europäischen Städten dieser Zeit eine wichtige Rolle; doch in kaum einem anderen Gemeinwesen war der dabei betriebene Aufwand so groß wie in Venedig. Gelegentlich der festlichen Umzüge, die auch nach militärischen Siegen oder zur Feier von Friedensschlüssen stattfanden, wurde sowohl den Einwohnern der Stadt wie auch den Fremden zugleich die Verfassung von Staat und Gesellschaft und ihr Mythos präsentiert. Besonders die Dogenprozessionen, also jene Umzüge, an denen das Staatsoberhaupt teilnahm, wurden immer zahlreicher und entwickelten im Laufe des 14. Jahrhunderts eine ausgefeilte Choreographie, ein peinlich genau beachtetes Protokoll.

Diese rigide Ordnung stellte eine venezianische Besonderheit dar und wurde von Besuchern der Stadt aufmerksam registriert. So notierte der Mailänder Pilger Pietro Casola über die Fronleichnamsprozession, die er im Jahre 1494 beobachtete: «Und alle gingen je zwei und zwei, und, wie schon gesagt, in völliger Ordnung hinter dem Dogen. Das ist sehr von dem unterschieden, was ich an vielen Höfen beobachtet habe, wo in dem Moment, in dem der Fürst vorbei geschritten ist, Geistliche und Weltliche zusammen weitergehen, ohne jede Ordnung.» Und der Münchner Hofprediger Jakob Rabe berichtete 1575 nach seinem Venedig-Besuch auf der Rückreise einer Pilgerfahrt nach Rom staunend, wenn der Doge an einer Prozession teilnehme, «geschieht es mit großer Pracht. Hundert Trabanten oder mehr laufen neben ihm daher, vor ihm werden heraustragen 8 Fahnen, davon sein zwen türkischblau, zwen weiß, die vier aber sein rot. Item 6 silberne Posaunen gehen vor ihm, desgleichen wird ihm vorgetragen ein schöner Sessel mit einem köstlichen Kissen und von Gold gearbeitetem Himmel, ein Fackel und ein Schwert.» Beim Anblick der Wohnung des Staatsoberhaupts im Dogenpalast aber vermutete Rabe: «glaub nicht, daß ein Potentat in der Christenheit dermaßen mit guldinen Bettstatten, Sesslen und anderem Geschmuck staffieret sei.»

Ordnung und Freiheit, ein Reichtum, der sich in künstlerischen Glanz verwandelte und in prächtige Festkulissen, ein Gemeinwesen, das durch energische Machtpolitik im Gewande einer klug vorausschauenden Diplomatie gesichert war – das Bild, das Venedig von sich selbst entwarf, überwältigte in seiner suggestiven Anschaulichkeit nicht nur die Zeitgenossen. Um noch einmal Carl Schmitt zu zitieren: «In dieser (Glanz-)Zeit entstand eine Legende, die noch im 19. und 20. Jahrhundert zahllose Reisende und berühmte Romantiker aller europäischen Nationen – Dichter und Künstler wie Byron, Musset, Richard Wagner, Barrès – nach Venedig gezogen hat. Niemand wird sich der Legende entziehen, und nichts liegt uns ferner, als die Strahlen eines solchen Glanzes zu schwärzen. Wenn wir aber die Frage stellen, ob hier ein Fall rein maritimer Existenz und wirklicher Entscheidung für das Element des Meeres vorliegt, so sehen wir gleich, wie eng eine auf die Adria und das Meeresbecken des Mittelmeeres beschränkte Seemacht wird, wenn sich einmal die unabsehbaren Räume der Weltozeane öffnen.»

3. Der Niedergang (1509–1797)

Agnadello und die Folgen

Im Jahr 1495 urteilte der weitgereiste und welterfahrene französische Aristokrat und Diplomat Philipp de Commynes in seinen Memoiren über Venedig: «Es ist die glorreichste Stadt, die ich je gesehen habe; sie erweist allen Botschaftern und Fremden die höchsten Ehren und regiert sich selbst mit der höchsten Klugheit.» Tatsächlich befand sich die Stadt in der Lagune damals auf dem Höhepunkt ihrer Macht – einer Macht jedoch, die von gleich drei Seiten tödlich bedroht war. Am grundlegendsten, freilich nicht am drängendsten, durch die Entdeckung der neuen Welt, durch Columbus' Fahrt über den Atlantik 1492 und Vasco da Gamas Entdeckung des Seewegs nach Indien nur sechs Jahre später. Hellsichtige Zeitgenossen erkannten die Gefahren für den Handel als Quelle des Reichtums und der Macht Venedigs sehr schnell. So notierte der Patrizier Girolamo Priuli am 24. Juli 1501 in seinem Tagebuch: «(...) und deswegen sehe ich deutlich den Ruin der Stadt Venedig voraus, denn wenn es an Handelsverkehr mangelt, wird es bald an Geld mangeln, auf dem der Ruhm und die Reputation Venedigs beruhen.» Langfristig sollte das Mittelmeer an die Peripherie einer plötzlich größer gewordenen Welt rücken. Nicht länger Mittelpunkt des Welthandels, sondern nur noch ein Binnenmeer, waren alle seine Anrainer von dem damit verbundenen Bedeutungsverlust elementar betroffen, auch wenn sich der Wandel über einen langen Zeitraum hinzog und erst im Laufe des 17. Jahrhunderts in all seinen Konsequenzen sichtbar wurde.

Unmittelbarer wirkten auf die Zeitgenossen der Epochenschwelle um 1500 politisch-militärische Ereignisse. Da war zunächst der Krieg gegen die Türken in den Jahren 1499 bis 1503. Ohne Vorwarnung hatte Sultan Bayazid II. 1499 seiner gewaltigen Flotte den Angriff auf die venezianischen Besitzungen in der

Ägäis befohlen. Der Senat ließ daraufhin seinerseits die größte Kriegsflotte ausrüsten, die Venedig jemals zusammen gebracht hatte, und vertraute sie dem Oberbefehl des reichen Kaufmanns Antonio Grimani an. Dieser erlitt, in geschäftlichen Dingen offenbar versierter als in militärischen Angelegenheiten, in der Seeschlacht bei Zonchio 1499 eine vernichtende Niederlage. Daraufhin wurde Grimani abberufen und nach einem aufsehenerregenden Prozess zu lebenslanger Zwangsarbeit verurteilt, der er sich durch eilige Flucht nach Rom entzog; dort verfügte er an der Kurie durch seinen Sohn Domenico Grimani, der 1493 von Papst Alexander VI. Borgia (1492–1503) zum Kardinal ernannt worden war, über beste Beziehungen. Es sagt viel aus über die politische Unruhe dieser Jahre, dass Antonio Grimani später nicht nur begnadigt wurde und in seine Heimatstadt zurückkehrte, sondern im Jahr 1521 sein politisches Comeback sogar mit der Wahl zum Dogen krönen konnte.

Unter Grimanis Nachfolger im Oberkommando der Ägäis-Flotte, Benedetto Pesaro, nahm der Türkenkrieg zwar einen günstigeren Verlauf, doch das änderte nichts daran, dass der Frieden, den die Republik 1503 mit der Hohen Pforte schloss, den Venezianern schwere Verluste eintrug. Ein Großteil der Besitzungen in der Ägäis und auf dem griechischen Festland ging verloren, darunter die Hafenfestungen Koron und Modon auf der Peloponnes, die, seitdem sie 1204 zum *stato da mar* gekommen waren, nicht nur wichtige Anlaufstellen für die Handelsschiffe darstellten, sondern geradezu als die «Augen» Venedigs im östlichen Mittelmeer galten.

Der Grund für den geringen Widerstandswillen der Serenissima gegenüber dem türkischen Angriff lag in einer politischen Großwetterlage, die auch im Westen nichts Gutes verhieß. Es galt, Prioritäten zu setzen. Dass diese im Westen lagen, auf der *terra ferma*, dem vergleichsweise jungen Festlandbesitz, und nicht mehr im Osten, dem *stato da mar* und dem feingewobenen Netz der dortigen Handelsstützpunkte, lässt erkennen, wie tiefgreifend der Mentalitätswandel war, der sich im Laufe des 15. Jahrhunderts vollzogen hatte. «Die führenden Politiker von 1500 waren – im Gegensatz zu denen ein Jahrhundert früher –

mehr an Landgewinn als an der Seemacht interessiert» (Frederic C. Lane).

Wenn Venedig durch die Entdeckung der neuen Welt langfristig an den Rand der großen politischen Entwicklungen rückte, so zeitigte das Jahr 1494 jedoch ein Ereignis, das zunächst einmal die große europäische Politik nach Italien brachte – mit erschütternden Folgen für die italienische Staatenwelt. Diese sah sich nun, nach vier Jahrzehnten relativer Ruhe seit dem Frieden von Lodi 1454, mit einer Phase nicht enden wollender Kriege konfrontiert. König Karl VIII. von Frankreich fiel 1494 in Italien ein, um seine Erbansprüche auf das Königreich Neapel gegen das Haus Aragon durchzusetzen. Die Markus-Republik, darin waren sich die Beobachter der politischen Szene einig, hätte den Einmarsch der Franzosen durch energische Gegenmaßnahmen verhindern können, denn mit feindlich gesonnenen venezianischen Truppen im Rücken hätte Karl VIII. es kaum gewagt, durch Nord- und Mittelitalien nach Neapel zu ziehen. Doch die Senatoren im Dogenpalast zögerten und taktierten, bis es zu spät war. Der Triumphzug Karls, der Florenz, dann Rom, schließlich Neapel besetzte, drohte die Machtverhältnisse auf der Apenninenhalbinsel grundlegend zu verschieben. Das Königreich Neapel eine französische Provinz: Das musste als erster Schritt zur Herrschaft Frankreichs über ganz Italien erscheinen, und die galt es aus venezianischer Sicht natürlich um jeden Preis zu verhindern.

So schloss der Senat nun doch ein Bündnis mit den Feinden der Franzosen und ließ sich den Abschluss der Liga von Venedig am 31. März 1495 von den Aragonesen teuer bezahlen. Über die von der venezianischen Flotte schon zuvor besetzten apulischen Küstenorte Monopoli, Gallipoli und Carna hinaus erhielt die Serenissima die Städte Brindisi, Trani und Otranto verpfändet. Während der französische König sich eilends nach Norden zurückzog, ehe ihm die Wege nach Frankreich versperrt wurden, begannen sich unversehens die Konturen einer Vorherrschaft der Serenissima über ganz Italien abzuzeichnen. Viele wichtige Küstenstädte Süditaliens befanden sich bereits in ihrer Hand. Und als die Republik Florenz nun ebenfalls um venezianische Unterstützung gegen die Franzosen bat, verlangte der Senat dafür nicht weniger als die Übertragung der toskanischen Hafenstadt Pisa. Zwar kam es nicht zu einer venezianischen Exklave an der tyrrhenischen Mittelmeerküste, doch allein die Idee lässt erkennen, wie weit die Ambitionen der Politiker im Dogenpalast inzwischen gingen, an deren Spitze zwischen 1486 und 1501 mit Agostino Barbarigo ein ebenso machtbewusstes wie diplomatisch versiertes Staatsoberhaupt stand.

Der sich in diesen Jahren abspielende wirre Reigen von Bündnissen und Allianzen, von diplomatischen Ränkespielen und militärischen Aktionen, von überraschenden Volten und hässlichem Verrat zog die gesamte italienische Staatenwelt in seinen Strudel. Vor allem aber entwickelte sich die Apenninenhalbinsel zum Schlachtfeld der großen Dynastien um die Vorherrschaft in Europa. Venedig verfolgte in diesem Kampf seine Interessen mit einer skrupellos-doppelbödigen Rücksichtslosigkeit, die schließlich dazu führte, dass es bei allen anderen Akteuren diskreditiert war. Um der aggressiven Außenpolitik der Serenissima und ihrem unerträglichen Hochmut ein für alle Mal ein Ende zu bereiten, schloss sich im Dezember 1508 in Cambrai eine geradezu unnatürliche Liga zusammen, bestehend aus Kaiser Maximilian I. (1493–1519), den Königen von Frankreich und Spanien sowie Papst Julius II. della Rovere (1503–1513). An sich waren die Monarchen, zumal der Kaiser und König Ludwig XII. von Frankreich (1498–1515), untereinander bis aufs Blut verfeindet. Es einte sie allein der Wunsch, Venedig in seine Schranken zu verweisen.

Das gelang bei dem kleinen lombardischen Städtchen Agnadello, wo es am 14. Mai 1509 zwischen französischen und venezianischen Truppen zur Schlacht kam. Sie endete mit einer katastrophalen Niederlage der Republik, die in den folgenden Monaten fast ihren gesamten Festlandbesitz verlor; dabei öffneten viele Städte auf der *terra ferma*, der venezianischen Fremdherrschaft überdrüssig, ihre Tore den Liga-Truppen freiwillig. Nur der Uneinigkeit der verbündeten Monarchen im Angesicht des zum Greifen nahen Erfolgs war es zu verdanken, dass der befürchtete Angriff auf Venedig selbst ausblieb und in der Folgezeit viele Städte auf der *terra ferma* zurückerobert werden konnten. Als die Venezianer 1517 nach vielen weiteren diplomatischen Winkelzügen und abrupten Allianzwechseln endlich einen allgemeinen Friedensschluss feiern konnten, schienen sie mit einem blauen Auge davongekommen zu sein, insofern sie ihre Besitzungen auf der *terra ferma* nahezu vollständig behaupteten.

Dennoch erwiesen sich der Krieg gegen die Liga von Cambrai und die Katastrophe von Agnadello als ein Epocheneinschnitt, und zwar in einer nach außen sichtbareren Weise als die Niederlage bei Zonchio 1499 gegen die Türken und die Entdeckung der neuen Welt. In ganz Europa wurde die Niederlage der hochmütigen Kaufmannsrepublik mit Spott und Genugtuung kommentiert. So höhnte der humanistisch gebildete Ritter Ulrich von Hutten nach Agnadello: «Venedig, sieh dich eben für, / denn die Straf liegt vor der Tür / durch Kaiser Maximilian / (...) / Einst Venedig tat besitzen land, leut, wassers flut / nun ligt es nider unbehut / ein Fischerhüttlein ellendlich / Venedig, des versie du dich.»

Und auch die Venezianer nahmen die Ereignisse als Zäsur wahr. Selbstkritische Zeitgenossen deuteten die Niederlage als ein göttliches Strafgericht für den zuvor gezeigten Hochmut und den Verfall der Sitten. In der politischen Führungsschicht der Stadt machte sich die Erkenntnis breit, dass die Zeit der rücksichtslosen Durchsetzung eigener Interessen mit dem Ziel einer Vormachtstellung in Italien vorbei war. Auf vielen Gebieten ist in der Folgezeit ein kultureller Wandel zu erkennen: etwa im Umgang mit den Untertanengebieten auf der *terra ferma*, mit denen die Regierung im Dogenpalast von nun an pfleglicher umging, nicht zuletzt, indem sie die Führungselite der Provinzstädte durch klientelartige Vernetzung stärker an die Hauptstadt zu binden suchte, was ihre Herrschaft langfristig stabilisierte.

In Venedig selbst wuchs im Laufe des 16. Jahrhundert die Zahl der großen Patrizierclans, die auf gute Beziehungen zur römischen Kurie setzten, um die wirtschaftliche Basis und die politischen Beziehungen ihrer Familien durch den Zugriff auf kirchliche Ressourcen zu stärken. Es bildete sich ein eigener Begriff für diese Gruppe unter den *nobili* aus, und es waren diese *papalisti*, die «Päpstlichen», welche die Wahl und anschließende Reformpolitik des bedeutendsten Dogen im 16. Jahrhundert ermöglichten: Mit dem Regierungsbeginn Andrea Grittis (1523–1538) begann eine Reformära, die das Gesicht Venedigs nachhaltig verändern sollte.

Gritti entstammte einer durchaus angesehenen, aber nicht besonders reichen Familie, die noch nie zuvor einen Dogen gestellt hatte (und das auch nie wieder tun sollte). Vor der Jahrhundertwende hatte er als Großhändler in Konstantinopel gelebt, ehe er nach einigen Jahren in türkischer Haft, wo er wegen des Verrats militärischer Geheimnisse einsaß, 1503 in die Heimat zurückgekehrt war. Im Krieg gegen die Liga von Cambrai konnten sich Grittis rücksichtslose Entschlossenheit und unermüdliche Energie eindrucksvoll bewähren; Ehrgeiz und Machtbewusstsein hatten ihm jedoch auch viele Gegner unter den Standesgenossen eingetragen, so dass es bis 1523 dauern sollte, ehe er dank der Unterstützung durch die *papalisti* auf den Dogenthron gelangte.

Die folgenden anderthalb Jahrzehnte waren von Reformanstrengungen auf den verschiedensten Gebieten geprägt. So bemühte sich Gritti um eine Modernisierung der über die Jahrhunderte hinweg zusammengetragenen venezianischen Gesetzessammlungen, mit dem Ziel, sie von Widersprüchen und Anachronismen zu befreien. Auch das Militärwesen sollte reformiert werden, des Weiteren sollte das Stadtbild unter dem Einfluss stilistischer Neuerungen der Renaissance-Architektur, wie sie sich auf dem italienischen Festland durchgesetzt hatte, eine grundlegende Wandlung erfahren. Zu diesem Zweck holte man mit Jacopo Sansovino 1527 einen der herausragenden Bildhauer und Baumeister seiner Zeit nach Venedig und ernannte ihn 1531 zum «Architekten der Republik».

Auf allen Gebieten stießen die Bemühungen Grittis und seiner Anhänger auf den zähen, hinhaltenden Widerstand vor allem von Vertretern des «kleinen Patriziats», jener *nobili* aus weniger begüterten Familien, die fürchteten, dass die politischen Entscheidungen mehr und mehr von elitären Zirkeln gefällt wür-

den, die hinter den Kulissen der altehrwürdigen Verfassung
agierten. Doch auch wenn viele Reformansätze im Sande verliefen: Langfristig bewirkte die Ära Gritti eine Anpassung Venedigs
an die sich wandelnden politischen und wirtschaftlichen Verhältnisse, der die Stadt in der Lagune nicht zum Wenigsten ihre
reiche Spätblüte im 16. Jahrhundert zu verdanken hatte.

Handel und Gewerbe

Jeder Versuch, die wirtschaftliche Entwicklung Venedigs in den
letzten drei Jahrhunderten der Republik in ihren wesentlichen
Grundzügen nachzuzeichnen, hat es mit zwei fundamentalen
Problemen zu tun. Zum einen, aber das gilt für die vorangegangenen Epochen in noch höherem Maße, fehlt es für manche
Phasen und Bereiche an zuverlässigem Zahlenmaterial. Zum
anderen aber muss man, wie immer in vormodernen Zeiten, in
Rechnung stellen, dass die Wirtschaft unvergleichlich viel klein-
teiliger funktionierte als im Zeitalter der globalisierten Massen-
produktion, und diese Beobachtung gilt sowohl räumlich wie
nach Produktionssektoren. Mit anderen Worten: Während der
venezianische Fernhandel beispielsweise in der Spätphase des
16. Jahrhunderts erst stagnierte und dann in Umfang und Wert
deutlich zurückging, erlebte die Wollproduktion gerade in den
letzten Jahrzehnten dieses Jahrhunderts eine Blütezeit. Und
während dann im 18. Jahrhundert kritische Reformer in der
Hauptstadt immer nachdrücklicher, doch weitgehend erfolglos
auf die Notwendigkeit von Wirtschaftsreformen hinwiesen, lassen sich gleichzeitig im Agrarbereich auf der *terra ferma* ebenso
fortschrittliche Veränderungen beobachten wie sogar vorsichtige Ansätze zur Industrialisierung. Kurz: Gerade im Bereich der
Wirtschaft ist Vorsicht bei Pauschalurteilen geboten.

Dies vorausgeschickt, lassen sich die großen Linien der öko-
nomischen Entwicklung ungefähr wie folgt skizzieren: Von einem einfachen Niedergang der venezianischen Wirtschaft, wie
er lange Zeit vor der schwarzen Hintergrundfolie des Untergangs der Republik 1797 gezeichnet worden ist, kann nicht
oder nur sehr bedingt die Rede sein. Schon gar nicht für das

16. Jahrhundert, in dem sich Venedig nach der Katastrophe von Agnadello und der darauffolgenden Krise relativ bald wieder erholte. Wenn wir als Indikator den traditionsreichen und damals nach wie vor bedeutsamen Salzhandel anschauen, so erhalten wir folgendes Bild: Um 1500 waren in Venedig jährlich rund 5000 moggie (= ca. 5000 t) Salz entladen worden. Nach den Einbrüchen der ersten Jahrzehnte des 16. Jahrhunderts waren es erst 1550 wieder 4500 moggie, um 1560 lag man bereits bei 6000 und zwischen 1576 und 1582 bei jährlich rund 7500 moggie. Vergleichbare Tendenzen weist die Entwicklung der Handelsflotte auf, deren Transportkapazitäten um das Jahr 1570 einen historischen Höchststand erreichten.

Vor allem aber entstanden an der Lagune neue Produktionszweige. So nahm wie bereits erwähnt die Herstellung von Wolltuchen im 16. Jahrhundert einen rapiden Aufschwung. Auch in der Seifenproduktion entwickelte sich Venedig zu einem bedeutenden Standort. Auf den Aufstieg des Druckgewerbes, der einherging mit einer prosperierenden Papierherstellung, ist schon hingewiesen worden. Von überregionaler Bedeutung war des weiteren die Glasbläserei auf der Insel Murano, über die der Münchner Pilger Jakob Rabe 1575 schrieb, seine Reisebegleiter und er selbst «sahen das wunderbarliche Glaswerk, das allda gemacht wird: so schön herrlich gewaltig Ding, daß es nicht genugsam beschrieben werden kann». Rabe vergaß auch nicht, die Zahl der Glasbläsereien mitzuteilen: «Der Werkstätt, da man Glas arbeitet, sein 24.» Das benachbarte Burano wiederum genoss einen exzellenten Ruf für seine weithin gefragte Spitzenklöppelei.

Kurz: Venedig behauptete seinen Rang als Wirtschaftszentrum, indem die Güterproduktion mehr und mehr erst neben und schließlich an die Stelle des Fernhandels trat. Im 17. und 18. Jahrhundert wurde die gewerbliche Produktion dann zwar (mit bezeichnenden Ausnahmen in der Herstellung einiger Luxuswaren) von der neu entstehenden Konkurrenz in den Manufakturen und frühen Fabriken in Frankreich, England und den Niederlanden überholt; doch kamen darin säkulare Veränderungen zum Ausdruck. Denn das Mittelmeer geriet durch die Entde-

ckung der neuen Welt nicht nur an den Rand der großen Handelsrouten, seine Anrainer verloren auch den Anschluss an die
revolutionären Entwicklungen im Bereich der Güterproduktion. Wohl in kaum einem Bereich lässt sich das besser beobachten als im Schiffbau.

Über Jahrhunderte hinweg hatte die Markus-Republik gerade hier eine europaweit führende Rolle gespielt. Das Arsenal
der Stadt, an ihrem äußersten östlichen Rand gelegen, hatte
schon Dante in seiner «Göttlichen Komödie» ob seiner staunenerregenden Produktivität besungen. Im Laufe der Zeit war
es mehrfach erweitert worden, bis es den Eindruck einer Stadt
in der Stadt erweckte, die mit eigenen Mauern vor den Blicken
unangemessen neugieriger Besucher geschützt wurde. In seiner
Blütezeit waren hier Tausende von hochspezialisierten Arbeitern der verschiedenen Berufe tätig, die man für den Bau und
die Ausrüstung der Schiffe benötigte. Bei Staatsbesuchen führte
man das Arsenal hohen Gästen mit der größten Genugtuung
vor, so etwa, als König Heinrich III. von Frankreich 1574 die
Stadt besuchte. Eine Besichtigung des Arsenals durfte im Programm des hohen Gastes nicht fehlen, bei welcher Gelegenheit
zum Erstaunen des Monarchen eine vollständig ausgestattete
Galeere binnen eines Tages zusammengebaut wurde. Zur Feier
dieses hochoffiziellen Besuchs wurden eigens Kupferstiche und
Gemälde geschaffen, um das Ereignis im öffentlichen Gedächtnis festzuhalten, ein anschauliches Beispiel nicht nur für die
Produktivität des Arsenals, sondern auch für die Virtuosität,
mit der die Serenissima sich selbst medial in Szene zu setzen
verstand.

Doch handelte es sich beim Arsenal wahrlich nicht nur um
eine Institution zur effizienten Selbstdarstellung eines Staates,
der freilich an der offensichtlichen Ähnlichkeit eines gut organisierten Großbetriebs mit einer vorbildlichen Staatsverfassung
Gefallen finden musste. Die Leistungsfähigkeit des Arsenals,
das nicht nur als Werft, sondern auch als Rüstkammer seinesgleichen suchte, war tatsächlich im Europa des 16. Jahrhunderts
einzigartig. Wenn König Heinrich III. von Frankreich den Bau
einer Galeere binnen eines Tages bestaunen konnte, so mussten

die Feinde Venedigs zu ihrem Erstaunen erfahren, dass die Serenissima dank sorgfältiger Vorratshaltung aller Teile, derer es
zum Bau von Galeeren bedurfte, in der Lage war, bis zu hundert
dieser etwa vierzig Meter langen und sechs Meter breiten Ru-
derschiffe innerhalb von drei Monaten zu bauen – ungefähr eines pro Tag.

Langfristig betrachtet wurde dem Arsenal gerade diese Leistungsfähigkeit zum Verhängnis, so paradox das klingen mag.
Im 16. Jahrhundert hatte die venezianische Galeerenproduktion
ein Niveau erreicht, das ohne Konkurrenz dastand. Das Osmanenreich und Spanien mochten aufgrund ihrer schieren Größe
die venezianische Seemacht überflügelt haben, doch nirgendwo
in der Welt konnten so schnell so viele so kampfkräftige Galeeren vom Stapel laufen wie in Venedig. Am Ende des 16. Jahrhunderts kam dann jedoch die geruderte Galeere nicht nur im
Bereich des Handels, sondern auch als Kriegsschiff aus der Mode.
Oder besser gesagt, denn es ging nicht nur um eine Mode: Sie
erwies sich dem vollgetakelten, dreimastigen Linienschiff aufgrund ihrer um ein Vielfaches geringeren Feuerkraft als hoff-
nungslos unterlegen. Die hochspezialisierten und ebenso hoch
angesehenen Handwerksmeister des Arsenals aber wollten oder
konnten sich nicht auf die Herstellung der modernen Segelschiffe umstellen.

Erst Jahrzehnte später, in der Mitte des 17. Jahrhunderts, änderte sich das. Seither produzierte das Arsenal große, dreimasti-
ge Segelschiffe nach dem Vorbild der Briten und Holländer,
Linienschiffe und leichtere Fregatten, die sich bei den Einsätzen
im Mittelmeer durchaus bewährten. Ihre letzte Generation wurde nach dem Untergang der Republik von den siegreichen Franzosen, später dann den Österreichern ohne große Umschweife
übernommen.

Ein anderes Grundproblem des Arsenals aber blieb auch im
18. Jahrhundert bestehen: Die geringe Wassertiefe der Hafenbe-
cken von nicht einmal 25 Fuß reichte nicht aus für die großen
Linienschiffe, die im späten 18. Jahrhundert das Rückgrat der
Kriegsflotten Englands oder Frankreichs bildeten. Aus dem Arsenal konnten Schiffe mit einem Tiefgang von allenfalls 13 Fuß

zum großen Hafen von Malamocco fahren. Man behalf sich mit
sogenannten Kamelen, gewaltigen luftgefüllten Tanks, die an
beiden Seiten der Schiffe befestigt wurden und ihnen Auftrieb
gaben, bis sie die hohe See gewonnen hatten. Doch trotz aller
technischen Tricks blieb die Größe der Schiffe, die im venezianischen Arsenal gebaut werden konnten, beschränkt und damit
hinter den Anforderungen der neuen Zeit zurück. Nach engli-
schem Vorbild teilten die Schiffsbauingenieure des Arsenals die
Kriegsschiffe im 18. Jahrhundert je nach Größe in Klassen ein.
Doch während ein Linienschiff 1. Ranges in England oder
Frankreich hundert und mehr Kanonen trug, waren es in Venedig nur 70. Schon bald stellte sich heraus, dass die venezianischen Linienschiffe 3. Ranges, mit 50 bis 54 Geschützen an
Bord, im Geschwaderkampf chancenlos waren.

Insofern haftet der Entwicklung der venezianischen Staats-
werft etwas Emblematisches an: Bis zum Ende der Serenissima
blieb sie ein gut funktionierender handwerklicher Großbetrieb,
der nicht, oder nicht im Wesentlichen, an inneren Problemen
krankte, sondern durch die weltweite Entwicklung überholt
wurde. So wie die großen Ströme eines nicht mehr auf Europa
beschränkten, sondern weltweit agierenden Handels von anderen Orten aus gelenkt wurden, so wie die neuen Formen einer
massenhaften Güterproduktion sich an anderen Orten entwickelten, so wurden auch die modernen Flotten, mit denen sich
die Weltmeere beherrschen ließen, nicht mehr im Arsenal von
Venedig gebaut.

Neben den «hölzernen Mauern», wie man die Flotte nach an-
tikem Vorbild bezeichnen könnte, waren es auch solche aus
Stein und Marmor, deren Errichtung und Instandhaltung einer
beträchtlichen Zahl von Venezianern zum täglichen Brot verhalfen. Gegen Ende des 16. Jahrhunderts zählte das Baugewer-
be mit (ungefähr!) 1500 Beschäftigten nach der Seidenprodukti-
on (2000), dem Arsenal (3000) und der Wollweberei (ebenfalls
3000) zu den wichtigsten Arbeitgebern. Auch diese Zahlen san-
ken in der Spätphase der Republik, wie die der spektakulären
Neubauten von Kirchen und Palästen, auch wenn es weiterhin
welche gab: So ließ sich etwa die neureiche Familie Rezzonico

9 Jacopo Sansovino, Palazzo Corner della Ca' Grande, 1533–1581

nach 1750 einen prächtigen Palast am Canal Grande errichten, und ein Jahrhundert zuvor baute sich der Doge Giovanni Pesaro den Palast, der seit 1902 das städtische Museum für Moderne Kunst in seinen Mauern birgt.

Doch sind diese beiden Paläste, ebenso wie beispielsweise derjenige der Familie Labia, nur einzelne Glanzlichter, die das Zeitalter des Barock dem Erscheinungsbild der Stadt hinzufügte, während die Hochzeit der venezianischen Baukunst in den vorangegangenen Jahrhunderten lag. Auch in diesem Bereich brach-

te die kulturelle Öffnung der Stadt für die vom italienischen
Festland kommenden Impulse der Renaissance im 16. Jahrhundert eine neue Formensprache hervor. Diese verkörpert etwa die
Fassade des ab 1532 nach Plänen Jacopo Sansovinos errichteten
Palazzo Corner della Ca' Grande (Abb. 9) in eindrucksvoller
Weise. Das mächtige, bossierte Erdgeschoss aus istrischem Kalk-
stein könnte man sich auch an florentinischen oder römischen
Palastbauten dieser Zeit vorstellen; nur die gewaltigen Öffnun-
gen des dreigliedrigen Hauptportals sind als typisch veneziani-
sches Element auszumachen und ebenso die großen Fensteröff-
nungen mit den Balustraden in den oberen Stockwerken. Der
Palazzo war nur einer von zahlreichen Palästen, die in dieser
Epoche entstanden; vor allem der Canal Grande entwickelte
sich mehr und mehr zur glänzenden Bühne, auf der die großen
Patrizierfamilien um eine repräsentative Selbstdarstellung wett-
eiferten. Während die Markus-Republik den Zenit ihrer Macht
bereits überschritten hatte, strebte sie in künstlerischer und kultureller Hinsicht dem Höhepunkt ihrer Geschichte zu.

Die kulturelle Hochblüte

Francesco Sansovino, Sohn des berühmten Architekten und
Bildhauers Jacopo Sansovino, begann im Jahre 1573 mit seinen
Studien für die Beschreibung der Stadt in der Lagune, in der er
zwar nicht geboren worden war, die er aber dennoch als seine
Heimatstadt betrachte; ihren Ruhm wünschte er durch eine
ausführliche Beschreibung ihres Glanzes zu mehren. Er stellte
deswegen eigens einen formalen Antrag beim Rat der Zehn,
dessen Genehmigung er bedurfte, um bei seinen Recherchen
auch auf geheime Staatsdokumente zurückgreifen zu können.
Das Werk, das acht Jahre später im Druck erschien und zum
Vorbild für zahllose Reiseführer italienischer Städte wurde, beginnt mit einer summarischen Beschreibung Venedigs, welche
die Stadt auf dem Höhepunkt ihrer äußeren Entwicklung zeigt:
«Sie hat einen Gesamtumfang von acht Meilen und ist in 70 Gemeinden aufgeteilt, mit 70 Kirchen, die man gemeinhin Pfarren
nennt, und jede von ihnen steht an der Spitze einer Gemeinde.

Sie umfasst ebenso 59 Klöster, 31 Männer- und 28 Frauen-Klöster, der Verehrung Gottes geweiht. Bethäuser und Hospitäler gibt es in großer Zahl, geleitet wie die Kirchen, und vor jeder Kirche befindet sich ein Platz und ein öffentlicher Brunnen, weiträumig zum großen Teil und quadratisch. Und durch die Stadt fließen die Kanäle wie die Adern im menschlichen Körper; sie bilden verschiedene Inselchen in übergroßer Zahl, teils natürliche, teils künstliche, aber mehr als 450 Brücken aus Stein verbinden sie untereinander.» Prachtvolle Bauwerke befänden sich in der Stadt, die man teils zu Fuß, teils mit Gondeln erreiche, von denen wiederum es etwa 9000 bis 10 000 gebe.

Es ist aufschlussreich, dass Sansovino seine Beschreibung Venedigs mit dem Hinweis auf die große Zahl der Kirchen beginnt – aufschlussreich im Hinblick auf die fundamentale Rolle, welche die Religion wie allgemein in der Vormoderne auch in der Lagunenstadt spielte, aufschlussreich aber auch insofern, als es in der Tat die Kirchengebäude waren, die noch vor allen Palästen zum glanzvollen Erscheinungsbild der Serenissima beitrugen. Glanzvoll war dabei nicht allein die äußere Gestalt der Kirchen, sondern auch ihre prachtvolle Innenausstattung, die zahllosen Altargemälde, Seitenkapellen, Reliquienschreine und nicht zuletzt die Grabmäler. Gerade im Bereich des Totengedenkens entstand in Venedig ein einzigartiger Mikrokosmos, den schon die Zeitgenossen mit Erstaunen wahrnahmen. So bemerkte der deutsche Pilger Felix Faber, der um 1490 auf seiner Pilgerreise nach Jerusalem in Venedig Station machte, gelegentlich seines Besuchs in Santi Giovanni e Paolo: «Und so befinden sich in der venezianischen Dominikanerkirche die Grabmäler mehrerer venezianischer Dogen. Nie habe ich kostbarere und aufwendigere Grabmäler gesehen. Auch die Gräber der Päpste in Rom können sich mit diesen nicht messen.»

Mit seiner Beobachtung hatte Faber vollkommen recht, ja, der Aufwand, der bei der Errichtung von Grabmälern für verstorbene Staatsoberhäupter betrieben wurde, wuchs im Lauf der folgenden Jahrhunderte geradezu ins Megalomanische. Er steht dadurch in auffälligem Kontrast zur Gleichheitsideologie der venezianischen Führungsschicht, derzufolge der Doge unter seinen aristokratischen Standesgenossen nur *primus inter pares* war. Die Dogengrabmäler boten den Angehörigen des verblichenen Souveräns die einmalige Gelegenheit, ihren Mitbürgern den Rang des Familienkollektivs durch die Erinnerung an herausragende Vorfahren dauerhaft vor Augen zu führen. Auf diese Weise konnte etwa auch ein so kurzer und von Kriegsgeschrei überschatteter Dogat wie derjenige des Giovanni Pesaro (1658/59) postum noch triumphal zur Darstellung gebracht werden. Gemäß den testamentarischen Bestimmungen des Verstorbenen ließ seine Familie in den Jahren 1659 bis 1669 in der Hauptkirche der Franziskaner in Venedig, Santa Maria dei Frari, ein gewaltiges, zweistöckiges Grabmal errichten (Abb. 10). Das Werk, das von Baldassare Longhena entworfen und von dem aus Dresden stammenden Bildhauer Melchior Barthel gestaltet wurde, zeigt die thronende Figur des Dogen über einer Phalanx gebeugter Mohren, einer Verkörperung besiegter Türken. Der Doge konnte hier Erfolge feiern, welche die rauhe Wirklichkeit der Markus-Republik längst vorenthielt. Das Grabmal ist charakteristisch für die suggestive Prachtentfaltung, mit der die unauflösliche Verbindung von Staatsdienst und Familienruhm in den Kirchen Venedigs bis in die Spätphase der Republik immer wieder in Szene gesetzt wurde.

Doch nicht nur die reichen Patrizierfamilien und Angehörigen der Dogen sorgten dafür, dass das Erscheinungsbild der venezianischen Kirchen die Besucher der Lagunenstadt nachhaltig beeindruckte. Zu den wichtigsten institutionellen Auftraggebern zählten neben Pfarrgemeinden und Klöstern die *scuole*, jene auch *confraternità*, Bruderschaften, genannten Sozialeinrichtungen, die religiös grundiert, aber multifunktional waren und heute so gut wie ausgestorben sind; in der Vormoderne jedoch haben sie das Leben der Menschen in fundamentaler Weise geprägt. Es gab in Venedig Dutzende solcher *scuole*, Zusammenschlüsse von Laien, die sich der Verehrung eines bestimmten Heiligen verschrieben: *scuole* mit beruflicher Prägung (etwa die *scuole* der Bäcker, der Pelzhändler, der Maurer) oder landsmannschaftlicher Art (etwa die *scuole* der Armenier, der Griechen, der Deutschen). Ihre Statuten wichen im Einzelnen ebenso

10   Baldassare Longhena, Grabmal des Dogen Giovanni Pesaro in
Santa Maria dei Frari, 1659–1669

stark voneinander ab wie der gesellschaftliche Status ihrer Angehörigen, doch ihre soziale Aufgabe fanden sie alle insbeson-
dere darin, sich um verarmte oder kranke Mitglieder zu küm-
mern und nach deren Tod für ein würdiges Begräbnis zu sorgen.

In seiner Stadtbeschreibung «Venetia città nobilissima» schildert Francesco Sansovino 1581 die typische Verknüpfung von religiösen und sozialen Aufgaben der *scuole*: «In ihnen gibt es religiöse Aktivitäten, in vielem denen einer Akademie oder einer öffentlichen Schule ähnlich, wo man christliches Tun und Handeln lernt und ausübt, zum Wohle der Seelen der Brüder, sowohl der Lebenden wie der Verstorbenen, und sie sind den Armen von großem Nutzen und tragen zum Ruhme Gottes bei.» Gleichzeitig investierten die *scuole*, vor allem die *scuole grandi*, von denen es zunächst vier, später sechs gab, in eine angemessene Selbstdarstellung (die Kritiker freilich als maßlos übersteigert bezeichneten). Beobachten konnte man das bei den zahlreichen Prozessionen, die das Festtagsbild Venedigs prägten, aber eben auch an den unzähligen Kunstaufträgen, sei es zur Ausschmückung von Kirchen, sei es zur Gestaltung ihrer Versammlungshäuser. Das berühmteste unter ihnen, dasjenige der *scuola grande di San Rocco*, zählt bis heute zu den bedeutendsten Sehenswürdigkeiten Venedigs durch die grandiose Innenausstattung, mit welcher der Maler Jacopo Tintoretto sich und seiner Familie die begehrte Mitgliedschaft in dieser *scuola* erkaufte.

Jacopo Tintoretto (1518–1594) gehört zu der kleinen Gruppe jener Maler, deren Namen mit der künstlerischen Blütezeit der Serenissima im 16. Jahrhundert unauflöslich verbunden sind. Gemeinsam mit – oder eher in ausgeprägter Konkurrenz zu – Tizian (1488/90–1576) und Paolo Veronese (1528–1588) prägte er das Bild, das man sich in Europa von Venedig machte, ebenso wie das Bild Venedigs selbst. Seiner unerschöpflichen Produktivität lag nicht nur handwerkliches Können und künstlerische Inspiration, sondern ebenso eine effiziente Werkstattorganisation zugrunde, wie sie auch und besonders im Fall Paolo Veroneses überliefert ist. Malerei war, und dabei blieb es bis zum Ende des *ancien régime*, in aller Regel die Sache von handwerklich geprägten Familienbetrieben, die Kunstwerke nicht, wie es sich die bürgerliche Vorstellung vom Künstler-Genie im 19. Jahrhundert so suggestiv und folgenreich ausmalte, als Ausdruck individuellen Erlebens schufen, sondern als Auftragsarbeit, und zwar zunächst einmal, um den Auftraggeber zufrieden zu stellen. Dass gerade aus dieser Bindung des Künstlers an die Interessen eines Auftraggebers im 16. Jahrhundert die psychologisch hellsichtigen, mitunter geradezu kompromittierenden Individualporträts eines Tizian hervorgingen, deutet auf künstlerische wie gesellschaftliche Veränderungen grundsätzlicher Art.

Einem Wandel unterlag ebenso die venezianische Malerei insgesamt, die im 17. und 18. Jahrhundert das in ganz Europa bewunderte Niveau ihrer Glanzzeit nicht behaupten konnte. Auch auf diesem Gebiet liefen andere Städte der Markus-Republik den Rang ab, zunächst das Rom der Päpste, dann Paris und London, daneben die niederländischen Kunstzentren, ehe mit Giambattista Tiepolo im 18. Jahrhundert noch ein letztes Mal ein Künstlerstern an der Lagune aufstieg, der europaweit strahlte – und bezeichnenderweise auf dem Höhepunkt seines Ruhmes aus Venedig abgeworben wurde.

Ein Bereich hingegen, in dem Venedig bis zum Schluss seiner staatlichen Selbständigkeit eine unbestrittene Führungsrolle beanspruchen konnte, ist derjenige der Musik (und, mit einigen Abstrichen, der des Theaters). Auch hier reichen die Wurzeln eigenständiger venezianischer Traditionen, die zugleich über die Grenzen der Stadt hinaus Beachtung fanden, in die Reformära des Dogen Andrea Gritti zurück. Unter seiner Regierung hatte man 1527 den Flamen Adrian Willaert von Rom an die Lagune geholt, wo er als Kapellmeister von San Marco die Zeitgenossen durch seine hochkomplexen, mehrchörigen Motetten in Erstaunen versetzte. In diesem Amt folgten Willaert einige der bedeutendsten Komponisten der Renaissance, zunächst Andrea Gabrieli, danach sein Neffe Giovanni Gabrieli und dann, ab 1613, Claudio Monteverdi. Dessen Marien-Vesper, geschrieben für Chor und Orchester der Markus-Kirche, zählt zu den Höhepunkten der Sakralmusik nicht nur in der Epoche ihrer Entstehungszeit, sondern der abendländischen Musikgeschichte überhaupt.

Im Laufe des 17. Jahrhunderts vollzog sich dann auch in der Musikproduktion ein Wandel, der in den bildenden Künsten schon früher eingesetzt hatte. Die geistlichen Themen verloren immer mehr ihre einstmals beherrschende Stellung, stattdessen traten weltliche Sujets in den Vordergrund. In der Malerei waren das Porträts, Genre- und Alltagsszenen. Daneben spielten Stadtansichten, die sogenannten Veduten, eine wichtige Rolle, die wohlhabende Gäste von ihren Venedig-Besuchen als Souvenir nach Hause mitnahmen. In der Musik entwickelte die Instrumentalmusik seit der zweiten Hälfte des 17. Jahrhunderts eine wachsende Bedeutung. Damals komponierte zum Beispiel Arcangelo Corelli die traditionelle Form des *concerto* erstmals als reines Orchesterstück und hatte damit durchschlagenden Erfolg.

Neben der Instrumentalmusik spielte vor allem die Oper eine herausragende Rolle. Ursprünglich an den italienischen Herrscherhöfen entstanden und schon aufgrund des erheblichen Aufwands für Bühnenbild, Sänger und Orchester der Aristokratie vorbehalten, verbreitete sie sich rasch in Europa, aber an kaum einem anderen Ort mit so elementarer Wirkung wie an der Lagune. 1637 eröffnete hier die Patrizierfamilie Tron das nach der benachbarten Kirche San Cassiano benannte Theater; eine von dem Dichter und Musiker Benedetto Ferrari geleitete erste Operngesellschaft führte dort während des Karnevals die Oper «Andromeda» auf. Schon bald folgten andere Familien diesem Vorbild, so die Vendramin mit dem Teatro di San Salvador, die Zane mit dem Teatro San Moisè oder die Grimani mit gleich zwei (zeitweise sogar drei) Häusern: Seit 1655 unterhielten sie das San Samuele, seit 1678 mit dem Teatro di San Giovanni Grisostomo das größte Haus der Stadt. Während die reichen Adelsclans durch den Bau der Opernhäuser etwas für ihr gesellschaftliches Prestige taten, überließen sie das «operative Geschäft» der Inszenierungen und Aufführungen professionellen Impresarios oder Operngesellschaften, mit denen man in der Regel einen Vertrag über eine Spielsaison abschloss. Das Publikum, Patrizier und reiche *cittadini* in den Logen, das einfache Volk im Parkett, war ebenso begeisterungsfähig wie schnell gelangweilt. Wir wissen allein für das 18. Jahrhundert von annähernd 1300 Opernuraufführungen in den zeitweise sieben großen Häusern. Erst ganz zum Schluss, kurz vor dem Untergang der Republik, kam zwischen 1790 und 1792 das einzige bis heute erhaltene Theater, die berühmte «Fenice», hinzu.

Eine kaum geringere Rolle als die Opernhäuser spielten im Musikleben Venedigs die *ospedali*, jene Waisenheime, die nicht nur zur Aufnahme elternloser, sondern auch unehelicher Kinder dienten. Unter der Aufsicht der *provveditori agli ospedali* erhielten die Mädchen, um die es sich zum großen Teil handelte, eine überaus gründliche musikalische Ausbildung. Sie machte aus den Orchestern einiger Waisenhäuser, vor allem desjenigen von Santa Maria dei Derelitti, «Ospedaletto» genannt, hochrenommierte Ensembles. Unter dem 3. Oktober 1786 berichtete Goethe in seiner «Italienischen Reise» mit unüberhörbarer Ergriffenheit vom Besuch eines Konzerts im Ospedaletto: «Die Frauenzimmer führten ein Oratorium (…) auf, die Kirche war voll Zuhörer, die Musik sehr schön, und herrliche Stimmen. Ein Alt sang den König Saul, die Hauptperson des Gedichtes. Von einer solchen Stimme hatte ich gar keinen Begriff; einige Stellen der Musik waren unendlich schön.»

An einem anderen Waisenhaus, dem Ospedale di Santa Maria della Pietà, war der vermutlich berühmteste Komponist, den Venedig hervorgebracht hat, Antonio Vivaldi (1678–1741), zeitweise als Geigen- und Gesangslehrer tätig. Vivaldis Karriere ist überaus aufschlussreich im Hinblick auf die Fruchtbarkeit und Kurzatmigkeit des Musiklebens an der Lagune. Seine unerschöpfliche Produktivität, die sich unter anderem in mehr als 400 *concerti* niederschlug, verhalf Vivaldi phasenweise zu großer Popularität. Das änderte jedoch nichts daran, dass er seine Tage 1741 verarmt und vergessen in Wien beschloss, wo er vergeblich versucht hatte Fuß zu fassen. Die Konkurrenz innerhalb der venezianischen Musikszene war ebenso groß wie die Vergesslichkeit des Publikums.

Krieg im Osten

Dieses Publikum – und seine Gäste aus der guten Gesellschaft ganz Europas, die im 18. Jahrhundert nach wie vor vom Glanz des kulturellen und gesellschaftlichen Lebens an der Lagune angezogen wurde – fand bis zum Untergang der Republik ausgiebig Zeit, sich den vielfältigen Reizen der *città dei piaseri*, der «Stadt der Vergnügungen», als die Venedig inzwischen berühmt war, zu widmen. Diese Muße verdankte sich auch der (außen-) politischen Friedhofsruhe, welche die letzten achtzig Jahre der Republik von San Marco begleitete. Mit dem Frieden von Passarowitz war 1718 ein Krieg gegen die Türken zu Ende gegangen, in dessen Verlauf die Serenissima durchaus erfolgreich gekämpft hatte, ohne von diesem Engagement als Juniorpartner der übermächtigen Habsburgermonarchie profitieren zu können. In den Friedensbedingungen verpflichteten sich die Venezianer, ihre Besitzungen auf der Peloponnes an die Hohe Pforte abzutreten.

Mit dem sogenannten venezianisch-österreichischen Türkenkrieg fanden zugleich die jahrhundertelangen Verteidigungskämpfe Venedigs gegen das Osmanenreich ein Ende. In deren Verlauf war der *stato da mar* trotz zäher Gegenwehr und zeitweiliger Erfolge Stück für Stück verlorengegangen. Im 16. Jahrhundert hatte die Markus-Republik dabei einen historischen, in ganz Europa gefeierten Sieg errungen, dem die Invasion eines türkischen Heeres auf der von Venedig beherrschten Insel Zypern im Sommer 1570 vorangegangen war. Die Bemühungen des Senats um Bundesgenossen führten im Frühjahr des folgenden Jahres zum Abschluss der «Heiligen Liga» zwischen Venedig, dem spanischen König Philipp II. (1556–1598) und Papst Pius V. Ghislieri (1566–1572). Unter gewaltigen Anstrengungen stellten die Verbündeten, deren Kriegsziele nur mit größter Mühe unter einen Hut zu bringen waren, eine Flotte auf, wie sie das Abendland noch nicht gesehen hatte. Allein das venezianische Kontingent umfasste 105 Galeeren und sechs Galeassen, ein neu entwickelter Schiffstyp mit überlegener Feuerkraft. Hinzu kamen 81 spanische und zwölf päpstliche Galeeren sowie einige weitere Schiffe italienischer Fürsten und des Malteser-Ordens. Insgesamt verfügte die christliche Armada über 207 Galeeren und sechs Galeassen mit 1800 Geschützen, 30000 Soldaten, knapp 13000 Matrosen und 43000 Ruderern. Sie trafen am Morgen des 7. Oktober 1571 im Golf von Patras, nicht weit von der Hafenfestung Lepanto, auf den türkischen Gegner, der ihnen an Zahl, vor allem aber in der Ausstattung mit Feuerwaffen deutlich unterlegen war.

Die folgenden Stunden sahen eine der verbissensten und blutigsten Schlachten der Seekriegsgeschichte. Sie endete mit einer vollständigen Niederlage der Osmanen, die rund 170 ihrer knapp 200 Schiffe verloren und mehr als 30000 Tote zu beklagen hatten. Auf christlicher Seite zählte man an die 7500 Tote und fast ebenso viele Verwundete, von denen viele in den folgenden Tagen unter unsäglichen hygienischen Bedingungen zugrunde gingen. Die Nachricht vom Sieg bei Lepanto verbreitete sich wie ein Lauffeuer im Abendland. Sie löste in Venedig spontane Jubelfeiern und öffentliche Dankprozessionen aus, die alle bis dahin gekannten Formen an Aufwand und Feierlichkeit übertrafen. Der 6. Oktober, der Vorabend der Schlacht bei Lepanto, zählte von nun an zu den offiziellen Feiertagen der Republik; von seiner festlichen Begehung im Beisein des regierenden Dogen berichtete noch Goethe auf seiner Italien-Reise 1786. Unüberschaubar ist schließlich der publizistische und vor allem künstlerische Niederschlag, den der Triumph der «Heiligen Liga» in ganz Europa fand.

Der enorme mediale Widerhall Lepantos ist um so bemerkenswerter, als der politische Nutzen dieses Seesiegs gleich null war. Schon im folgenden Jahr verfügte die Hohe Pforte über eine neue Flotte, der die sich gegenseitig skeptisch beäugenden Verbündeten nur unentschlossen entgegentraten. Ihre Kampagne endete daher zwar mit vielen Verlusten durch die auf den Galeeren stets erschreckend hohe Mortalität, aber ohne eine größere Schlacht. Im Jahr darauf schloss dann die Serenissima zum grenzenlosen Ärger des spanischen Königs und Papst Gregors XIII. Boncompagni (1572–1585) einen Separatfrieden mit dem Sultan, in dem sie ein für alle Mal auf Zypern verzichtete.

Die mit diesem nicht eben prestigeträchtigen Friedensschluss erkauften gedeihlichen Beziehungen zur Hohen Pforte, die für die venezianischen Kaufleute eine wichtige Rolle spielten, hielten bis zum Jahre 1644, als Sultan Ibrahim den Angriff auf die letzte große Insel des einstmals so stolzen *stato da mar* befahl. Der damit einsetzende Kampf um Kreta sollte sich über 25 Jahre hinziehen. Nicht dass die wirtschaftliche Bedeutung der Kolonie eine so zähe Verteidigung erzwungen hätte, ganz im Gegenteil: Die Insel selbst stellte für den Haushalt der Markus-Republik ein beträchtliches Zuschussgeschäft dar. Im Jahre 1621 etwa standen Einnahmen aus Zöllen, Verpachtungen, Mieten, Steuern, Gebühren und Strafen von rund 96 000 Dukaten Ausgaben in der Höhe des Zweieinhalbfachen, nämlich etwa 240 000 Dukaten gegenüber. Doch die Behauptung Kretas, soviel war dem Senat von Beginn des Kampfes an bewusst, stellte mehr dar als eine Wirtschaftsfrage. Hier ging es um ein Symbol, hier ging es um die Selbstbehauptung Venedigs als politischer Macht.

Nur vor diesem Hintergrund wird die Verbissenheit der Kämpfe verständlich, die in den folgenden Jahren tobten. Nicht nur auf Kreta im Übrigen. In Dalmatien verteidigte sich die Serenissima gegen eine parallel entwickelte Offensive der Osmanen mit Glück und Geschick. Flottenexpeditionen unter dem Kommando der Admirale Lorenzo Marcello und Lazzaro Mocenigo sollten den Nachschub der Türken unterbinden und die Verteidiger entlasten, was ihnen phasenweise auch gelang. Doch das änderte nichts daran, dass sich der eigentliche Krieg auf und vor den Wällen und Gräben, den Ravelins und Halbmonden der Zitadelle von Candia (heute: Iraklion) abspielte, dem Hauptort Kretas, auf den die venezianischen Verteidiger schon bald zurückgeworfen waren. Seine Zitadelle hatten sie noch im letzten Moment nach allen Regeln der modernen Festungsbaukunst verstärkt.

Lange Zeit zog sich die Belagerung träge und ereignisarm hin. Da die Venezianer die Seeherrschaft behaupteten, konnten sie die belagerte Festung mit frischen Truppen, Waffen und Nahrungsmitteln versorgen, während auf der Landseite die türkischen Belagerer die Stadt ihrerseits mit festungsartigen Belagerungswerken eingeschlossen hatten, in denen sie unter Hitze und Versorgungsschwierigkeiten kaum weniger litten als die Belagerten. Als jedoch im Jahre 1666 der Sultan seinem Großwesir Achmet Köprölü den Oberbefehl auf Kreta übertrug, zeichnete sich ab, dass es ernst würde. Der Senat ernannte kurz darauf seinen erfahrensten Militär, den späteren Dogen Francesco Morosini, zum *capitan da mar* und Kommandanten von Candia. Allein in den nun folgenden zwei Jahren reihten sich 69 Sturmangriffe der Türken und 80 Ausfälle der Venezianer aneinander, gingen an die 1400 Minen hoch, fielen über 100 000 Osmanen und annähernd 30 000 Christen. Schließlich aber sah sich Morosini am 6. September 1669 gezwungen zu kapitulieren.

Der Kampf um Kreta stellt einen Epocheneinschnitt in der venezianischen Geschichte dar. Der Verlust der Insel versetzte dem ohnehin schon im Sinken begriffenen politischen Prestige der Markus-Republik einen weiteren schweren Schlag. Beträchtlich gelitten hatte auch die Führungsschicht: Während des Candia-Kriegs waren 280 Patrizier gefallen, was mehr als zehn Prozent der Angehörigen des *maggior consiglio* entsprach. Vor allem aber erwiesen sich die wirtschaftlichen Folgen als ruinös. Die venezianische Staatsschuld stieg in den Jahren zwischen 1641 und 1669 von acht auf über 21 Millionen Dukaten. Neueren Berechnungen zufolge beliefen sich die Kosten des Candia-Kriegs auf rund 125 Millionen Dukaten, was etwa den Staatseinnahmen von zwanzig bis dreißig Jahren entsprach. Mit anderen Worten: Um den Krieg zu finanzieren, hätte die Republik praktisch alle anderen Ausgaben streichen müssen.

Da das natürlich nicht ging und den wachsenden Ausgaben auch noch rapide sinkende Einnahmen aus dem kollabierenden Levante-Handel gegenüberstanden, erwies es sich als unvermeidlich, nach neuen Finanzquellen zu suchen. Um solche zu erschließen, wurde verkauft, was sich irgend verkaufen ließ. So erhielten die Gemeinden auf der *terra ferma* das Recht, kommunalen Landbesitz zu versteigern, um ihre Beiträge zur Kriegsfinanzierung zu leisten. Das prestigeträchtige Amt eines *procura-*

tore di San Marco konnten betuchte Interessenten für 20 000 bis 25 000 Dukaten erwerben. Und nicht lange nach Kriegsbeginn zeigte sich das Patriziat zu einer nachgerade revolutionären Entscheidung bereit: 1646 beschloss der Große Rat, die Aufnahme in das Goldene Buch der Stadt für neue Familien zu öffnen, nachdem der steinreiche Kaufmann Giovanni Francesco Labia sich unverbindlich erkundigt hatte, ob er «dem Vaterland 100 000 Dukaten schenken dürfe» – ohne auf irgendeine Gegenleistung für diese großzügige Geste anzuspielen.

Damit wurde nach Jahrhunderten der Zugangsblockade der Weg ins Patriziat frei, nicht nur für die Labia, sondern für insgesamt 127 *famiglie nuove*, die sich zwischen 1646 und 1718 in die venezianische Aristokratie einkaufen sollten: zum Fixpreis von 100 000 Dukaten, von den 60 000 ein «freiwilliges Geschenk» darstellten und 40 000 als Kredit galten. Dabei handelte es sich teils um Adelsfamilien von der *terra ferma*, teils um *cittadini*, die seit langem in Venedig ansässig und mitunter über Jahrhunderte in den Verwaltungsgremien und Notariatsstuben der Serenissima tätig gewesen waren. Hinzu kam eine Reihe von Kaufleuten, die ihren immensen Reichtum in kurzer Zeit erworben hatten und kaum über die Umgangsformen verfügten, welche die Angehörigen des alten Patriziats pflegten. So überrascht es nicht, dass es an aggressivem Spott gegenüber einigen dieser Sozialaufsteiger nicht mangelte. Überhaupt achteten die *famiglie vecchie* (die «alten Familien») sorgfältig darauf, die wichtigen Ämter in ihren Händen zu behalten. Auf diese Weise entwickelte sich die Phalanx der *famiglie nuove* zu so etwas wie einer gehandicapten Sekundärelite, die bis zum Ende der Republik um ihre faktische Gleichstellung mit dem alten Patriziat rang.

Verfall und Untergang der Republik

Die wechselseitigen Antipathien zwischen «alten» und «neuen» Familien nach 1646 machten allerdings nicht die einzige Frontstellung innerhalb der venezianischen Führungsschicht aus. Zwar präsentierte sich das Patriziat nach außen konsequent als

geschlossener Block von Gleichrangigen und brachte diese Geschlossenheit schon rein äußerlich zum Ausdruck, indem alle
erwachsenen Patrizier den *tabarro* trugen, eine togaartige
schwarze Robe; dennoch konnte politische Parteienbildung
nicht ausbleiben. Von den *papalisti*, den nach Rom orientierten
Magnatenclans, die im frühen 16. Jahrhundert zur Zeit des Dogen Andrea Gritti mit den Vertretern des «kleinen Patriziats»
um die Durchsetzung von Reformen rangen, war bereits die
Rede.

Einige Jahrzehnte später hatten sich die Frontlinien leicht ver-
schoben. Nun zeigte sich eine Gruppe politisch ambitionierter
Patrizier, wegen ihres Alters die «giovani», «die Jungen», genannt, zunehmend unzufrieden mit der seit Agnadello betriebe-
nen vorsichtigen Außenpolitik auf dem italienischen Festland.
Angesichts der spanischen Vormachtstellung in Europa und auf
der Apenninenhalbinsel, auf der das Herzogtum Mailand im
Norden und das Königreich Neapel im Süden zum spanischen
Weltreich gehörten, forderten die *giovani* eine Politik, die den
Einfluss der Habsburger in Italien begrenzen und womöglich
zurückdrängen sollte. Nach Lage der Dinge musste das nicht
zuletzt zu Konflikten mit Rom führen, wo zwischen 1605 und
1621 der spanienfreundliche Papst Paul V. Borghese regierte.
Ein Streit um kirchliche Rechte beziehungsweise deren Be-
schneidung durch die Republik eskalierte rasch und führte
dazu, dass Venedig 1606 am Rande eines Kriegs mit dem Kir-
chenstaat stand, ehe die Kurie im letzten Moment nachgab.
Doch sollte dies der letzte sichtbare Erfolg Venedigs in seiner
italienischen Außenpolitik bleiben. Die folgenden Jahrzehnte,
die von wirtschaftlichen Schwierigkeiten und dann dem Kreta-
Krieg überschattet waren, ließen die Serenissima immer defensi-
ver agieren.

Dieser Abschied auf Raten aus der großen europäischen Politik ging einher mit sich verschärfenden Gegensätzen innerhalb
des Patriziats, die nicht auf politischen, sondern auf wirtschaftlichen Ursachen beruhten. Denn immer mehr alte Familien verarmten. Dadurch entwickelten sich die Lebensumstände dieser
Familien mitunter so deprimierend, dass sie ausstarben, obwohl

zahlreiche Söhne vorhanden waren – die aber nicht heiraten mochten. So endete zum Beispiel mit Giovanni Tron im Jahre 1644 ein Zweig dieses renommierten Patriziergeschlechts. Giovanni war der letzte von nicht weniger als sieben Brüdern, die alle unverheiratet geblieben waren. Ihr Vater hatte ihnen bei seinem frühen Tod jährliche Einkünfte in Höhe von gerade einmal 170 Dukaten hinterlassen, zu denen noch einmal hundert Dukaten aus einem mit Hypotheken belasteten Erbe der Mutter kamen. Das war zu wenig, um als standesgemäße Basis für die Gründung auch nur einer einzigen Familie zu genügen (zum Vergleich: ein Handwerksmeister, etwa auf dem Bau, verdiente um 1600 ungefähr siebzig bis achtzig Dukaten jährlich).

Und die Tron waren kein Einzelfall. Eine Linie des Priuli-Clans starb aus, obwohl es gleich acht Brüder gab, die sie hätten fortsetzen können, im Falle der Donà di San Polo waren es fünf, in dem eines Zweigs der Gradenigo vier Brüder, die nicht daran dachten zu heiraten. Ähnlich die Bragadin di San Severo, die Duodo di Santa Maria del Giglio und viele andere. Doch auch die Zahl der reichen und zumal der mittleren Adelsfamilien schrumpfte, und zwar sogar noch stärker als die der *barnabotti*, der adligen Habenichtse. Auch in den Kreisen der wohlhabenden Patrizier heiratete in der Regel nur einer der Söhne, um das Familienvermögen nicht zu zersplittern. Zwar blieb durch diese Strategie tatsächlich die wirtschaftliche Basis der Familie intakt, doch bei ausbleibenden oder der hohen Kindersterblichkeit zum Opfer fallenden Nachkommen erlosch so mancher Clan.

Die Konsequenzen dieser Entwicklung liegen auf der Hand: Zum einen schrumpfte die venezianische Führungsschicht im 17. und 18. Jahrhundert trotz der Ergänzung durch die *famiglie nuove* rein zahlenmäßig zusammen. Der Anteil der Aristokratie an der Gesamtbevölkerung sank seit dem späten 16. Jahrhundert von 4,5 Prozent auf weniger als 2 Prozent gegen Ende der Republik. Zum anderen öffnete die Existenz eines Adelsproletariats, das gleichzeitig politisch privilegiert und wirtschaftlich ruiniert war, der Korruption Tür und Tor. Die *barnabotti* hatten gar keine andere Möglichkeit, als ihre Stimmen bei wichtigen

Entscheidungen des Großen Rats den wohlhabenderen Standesgenossen zu verkaufen, um im Gegenzug vielleicht ein kleines Amt bei der Verwaltung der *terra ferma* zugespielt zu bekommen, bei dessen Ausübung sie dann naheliegenderweise kaum als unbestechliche Sachwalter öffentlicher Interessen auftraten, sondern sich für «Geschenke» aller Art höchst empfänglich zeigten. Die Klagen über die korrupte Verwaltung sind in der Spätphase der Republik Legion. Als der Patrizier Giacomo Nani nach seiner Tätigkeit als Vizepodestà von Padua im Herbst 1781 dem Senat seinen obligatorischen Abschlussbericht vorlegte, arbeitete er ihn zu einem kleinen Traktat aus mit dem Titel «Grundsätze einer ordentlichen und sorgsamen Verwaltung». Er kam darin zu dem resignierten Ergebnis, dass «alle Grundlagen bereits verrottet seien» und die Republik mithin am «Rande des Untergangs» stünde.

Mit diesem Urteil stand Nani nicht allein, und die Lage der Republik wurde auch dadurch nicht erleichtert, dass ihre Verfassung in diametralem Gegensatz zu den Idealen der Aufklärung stand, wie sie sich zu dieser Zeit in ganz Europa durchsetzten. So stolz die Venezianer auf ihre über Jahrhunderte bewahrte Freiheit waren – dem Freiheitspathos der Aufklärer mit ihrer Forderung nach «Freiheit, Gleichheit, Brüderlichkeit» musste die ständische Verfassung Venedigs mit einer Patrizierschicht, die den Zugang zu politischen Ämtern monopolisierte, so suspekt erscheinen wie die ehrwürdigen Traditionen, auf denen diese Verfassung ruhte, und ihre religiösen Bindungen. Zudem stand die «Stadt der Vergnügungen» europaweit in zweifelhaftem moralischen Ruf und war nicht nur für ihre Kunstwerke und Opernhäuser berühmt, sondern ebenso für ihre Bordelle und Spielcasinos (allen Verboten der Regierung zum Trotz). Auch das machte sie in den Augen der tugendhaften Vernunftanhänger, welche die Meinungsführerschaft in Europa übernommen hatten, nicht sympathischer.

Zwar war die Serenissima auch in ihrem letzten Jahrhundert noch zu eindrucksvollen Leistungen in der Lage. Die Maßnahmen zur Regulierung der Lagune legen davon ein beredtes Zeugnis ab, vor allem die Anlage der *murazzi*, jener kilometerlangen, gewaltigen Steinmauern zum Schutz des Lido, die zwischen 1740 und 1778 nach Plänen des Gelehrten Bernardino Zendrini entstanden. Dennoch glaubten schon lange vor dem Ende der Republik viele Angehörige des Patriziats nicht mehr an die Zukunft der Serenissima. Im Zuge langfristiger geistiger, wirtschaftlicher und politischer Veränderungsprozesse, die Europas «Aufbruch in die Moderne» vorbereiteten, war der ehrwürdigen Markus-Republik ihre Trägerschicht abhanden gekommen.

Nur vor diesem Hintergrund wird der fast lautlose Untergang des venezianischen Staats im Mai 1797 verständlich. Die Ereignisse der Französischen Revolution hatte der Senat aufmerksam verfolgt, ohne aber angesichts der 1796 nach Italien übergreifenden militärischen Auseinandersetzungen von seiner Neutralitätspolitik abzurücken. Während sich französische und österreichische Truppen auf der *terra ferma* schlugen, versuchte die Serenissima, sich aus dem Konflikt herauszuhalten. Nicht dass ihr viele Handlungsoptionen offen gestanden hätten: Ein Bündnis der konservativ-aristokratischen Republik mit dem revolutionären Frankreich musste schlechterdings absurd erscheinen, kaum weniger eine Koalition mit dem Kaiser in Wien, der seit langem schon die Unabhängigkeit der Republik bedrohte. Nur: Eine *unbewaffnete* Neutralität, auf die sich der Senat versteifte, musste von den Kontrahenten geradezu als Aufforderung verstanden werden, sich auf dem venezianischen Territorium zu bedienen. Und so kam es auch. Während 1796 zur Verteidigung der Hauptstadt 12000 *schiavoni*, Soldaten aus den Balkanbesitzungen der Republik, nach Venedig einrückten, blieb die *terra ferma* weitgehend sich selbst, und das heißt: den fremden Truppen überlassen.

Die befehligte seit dem 20. März 1796 auf französischer Seite ein junger, energischer General namens Napoleon Bonaparte, der die Österreicher noch im Herbst desselben Jahres in der Festung Mantua einschloss und wenig später zur Kapitulation zwang. Für die hilflosen venezianischen Verwaltungsbeamten auf der *terra ferma* ebenso wie für den zögernd-ratlosen Senat zeigte Napoleon lediglich Verachtung und betrachtete spätestens seit Beginn des Jahres 1797 den venezianischen Staat als

Verfügungsmasse für die bevorstehenden Friedensverhandlungen mit den Habsburgern. Zwar regte sich in den venezianischen Festlandbesitzungen bald Widerstand gegen die französischen Besatzer; er kulminierte am 17. April 1797 in den *pasque veronese*, dem «Veroneser Osterfest», einem Aufstand, dem an die 400 Franzosen zum Opfer fielen. Doch wurde die Rebellion rasch niedergeschlagen, nicht zuletzt weil der eingeschüchterte Senat das Ansinnen, die Sache der Aufständischen – die Sache des venezianischen Staates, die eigene Sache! – zu unterstützen, mit der Bitte um vorsichtige Zurückhaltung quittierte.

Die Unruhen auf der *terra ferma* dienten Napoleon zum willkommenen Vorwand, der Serenissima einen perfiden Bruch ihrer Neutralitätsbeteuerungen vorzuwerfen. In den folgenden Wochen steigerte er seine Genugtuungsforderungen immer weiter, um schließlich am 1. Mai 1797 der Republik den Krieg zu erklären. Darauf reagierte die kurz zuvor vom Senat gebildete neue Regierungsbehörde, vom Volksmund hellsichtig «Beerdigungbehörde» («magistratura funeraria») getauft, ungewöhnlich rasch und kam am 2. Mai um Waffenstillstand ein. Napoleon verlangte nun unter anderem die völlige Entwaffnung der venezianischen Armee, die Überlassung des Arsenals und die Umbildung der Verfassung im modernen Sinne einer Repräsentativverfassung. Als daraufhin der Große Rat am 12. Mai zu seiner letzten Sitzung zusammentrat, war er zwar an sich nicht beschlussfähig, weil nur 537 seiner rund 1200 Mitglieder erschienen (zur Beschlussfassung wären 600 nötig gewesen), doch welche Rolle spielen schon Formalitäten, wenn es um das Leben oder, wie in diesem Fall, um den Tod eines Staates geht? Lodovico Manin, im Jahre 1789 als erster Angehöriger einer «neuen» Familie zum Staatsoberhaupt gewählt, ein reicher, mittelmäßiger und unsicherer Mann, hatte seinerzeit die Wahl nur unter Tränen angenommen. Als nun der Große Rat mit überwältigender Mehrheit die Selbstauflösung und damit das Ende der Republik beschloss, beendete er seine Herrschaft, wie er sie begonnen hatte: tränenreich; und reichte seinem Diener die Dogenmütze mit den Worten: «Leg sie weg, ich werde sie nicht mehr brauchen.»

Während der Große Rat seine letzte Sitzung abhielt, spielten sich auf den Gassen Venedigs tumultartige Szenen ab, die freilich nicht von den ohnehin lächerlich wenigen Sympathisanten der Revolutionsideen ausgingen, sondern von den zahlreichen Anhängern, welche die dahinscheidende Republik im einfachen Volk immer noch besaß. Vor dem Dogenpalast ertönten «Viva San Marco!»-Rufe, und als die Selbstauflösung des Großen Rates bekannt wurde, flackerte einen Augenblick lang so etwas wie ein Volksaufstand auf – freilich nicht für die neue, sondern für die alte Republik. Einige Kanonenschüsse stellten die Ruhe sogleich wieder her, sechs Tote blieben zurück. Vier Tage später, am 16. Mai 1797, besetzten 5000 französische Soldaten die nie zuvor eroberte Stadt und beendeten damit auch de facto die staatliche Unabhängigkeit Venedigs.

4. Kunst und Kommerz (1797 bis heute)

Franzosenzeit

Mit den Franzosen kam die neue Zeit, und diese meldete ihre Geltungsansprüche zunächst einmal durch öffentlichkeitswirksame symbolische Handlungen an. So wurde nach französisch-revolutionärem Vorbild auf dem Markus-Platz ein Freiheitsbaum gepflanzt. Die öffentliche Verbrennung der Herrschaftsinsignien des Dogen und einer Kopie des «Goldenen Buchs» im Beisein des abgedankten Staatsoberhaupts Lodovico Manin sollte die letzten Zweifel daran zerstreuen, dass die Zeiten der glorreichen Serenissima unwiderruflich vorbei waren. Die geringe Zahl der Teilnehmer an dieser Festlichkeit enttäuschte die Revolutionäre allerdings.

Das neue Regierungsgremium von französischen Gnaden bestand aus sechzig Mitgliedern, darunter nur zehn Vertretern des alten Patriziats. Es machte sich unter beträchtlichem Aufwand an menschheitsbeglückenden Phrasen – etwa in den Reden seines begeisterten Anhängers Ugo Foscolo – an die Arbeit. Foscolo, 1778 auf der Insel Zakynthos als Spross einer alten venezianischen Familie geboren, zählte als Schriftsteller zum Kreis der kleinen, meist freiberuflich tätigen bürgerlichen Mittelschicht, die den Untergang des *ancien régime* enthusiastisch begrüßte. Doch die Zukunftshoffnungen der Aufklärungsanhänger erwiesen sich nur zu bald als Chimären.

Für Napoleon nämlich stellte die junge Republik nicht mehr als einen Spielstein im Kampf um die Vorherrschaft in Europa dar, den er bedenkenlos opferte; und wenn ihm das die venezianischen Idealisten wie Foscolo niemals verziehen, so beeindruckte ihn das wenig. Gemäß den Vereinbarungen des Friedensvertrags, der am 17. Oktober 1797 in Campoformido geschlossen wurde, fielen Venedig und sein einstiges Herrschaftsgebiet an Österreich. Bevor jedoch die französischen Truppen zu Beginn des darauffolgenden Jahres abzogen, verbrannten sie noch die Prunkgaleere der Dogen, den *bucintoro*, und plünderten das Arsenal. Die einsatzfähigen Schiffe der venezianischen Kriegsflotte segelten unter französischer Flagge nach Toulon. Darüber hinaus wurde eine Vielzahl von Handschriften und Kunstwerken, darunter die 1204 aus Konstantinopel geraubte Quadriga über dem Hauptportal der Markus-Basilika, von den abrückenden Siegern nach Paris gebracht.

Es folgte ein kurzes, vergleichsweise ereignisarmes Zwischenspiel unter österreichischer Herrschaft, die schon deswegen in Venedig keine nennenswerten Initiativen entwickelte, weil die Reihe der Kriege sich fast unmittelbar fortsetzte. Das vordringliche Ziel der Österreicher bestand schlicht darin, Ruhe und Ordnung herzustellen. Zu diesem Zweck suchte man die Unterstützung der alten Eliten zu gewinnen. Am 31. Mai 1798 erließ der österreichische Militärgouverneur General Oliver von Wallis 98 Artikel zur Regelung des öffentlichen Lebens. Die Gesetze der untergegangenen Republik, wie sie am 1. Januar 1796 gegolten hatten, wurden wieder in Kraft gesetzt. Die Angehörigen des Patriziats sahen sich allerdings genötigt, nunmehr den Treueeid auf Kaiser Franz II. zu leisten. Durch die Pressezensur sollte republikanische Propaganda ebenso wie eine Verklärung der untergegangenen Markus-Republik unterdrückt werden. Auch die österreichische Regierung bediente sich in der Folgezeit aus dem kulturellen Erbe der Serenissima, wenngleich diskreter und bescheidener als die französischen Vorgänger. Insgesamt betrachtet stellte das habsburgische Intermezzo einen kurzen retardierenden Moment innerhalb der revolutionären Veränderungen dar.

Im Friedensschluss von Pressburg, der am 26. Dezember 1805 die staatlichen Verhältnisse in Italien abermals neu ordnete, wurde Venedig dem bei dieser Gelegenheit gegründeten Königreich Italien zugeschlagen. Dessen Monarch, Napoleon selbst, ließ sich durch einen Vizekönig, nämlich seinen Stiefsohn Eugène Beauharnais, vertreten. Die Hoffnungen mancher Venezianer, der Napoleonide werde die Lagunenstadt zu seinem Amtssitz erklären und ihr somit wenigstens ein wenig von ihrer alten Bedeutung zurückgeben, erfüllte sich jedoch nicht. Beau-harnais residierte in Mailand, das näher zu Frankreich lag und den Anforderungen der neuen Zeit in jederlei Hinsicht besser entsprach.

Diesen Forderungen auch in Venedig zu ihrem Recht zu ver-helfen, war die französische Verwaltung in den folgenden Jah-ren bemüht, und sie entwickelte dabei eine bemerkenswerte Energie. Die meisten Klöster und eine Vielzahl von Kirchen wurden geschlossen und teilweise abgerissen, die alten Korpo-rationen wie Zünfte und *scuole* abgeschafft. Ihr Besitz, darunter über Jahrhunderte hinweg entstandene Kunstsammlungen und Bibliotheken von unschätzbarem Wert, wurde zur uneinge-schränkten Freude vieler wirtschaftlich prosperierender Anhän-ger der neuen Ordnung meistbietend versteigert. Das Schulsys-tem wurde als Kernelement einer zukünftigen Volksbildung re-formiert und, ebenso wie die altehrwürdige Universität von Padua, unter staatliche Aufsicht gestellt, um sicher zu gehen, dass die neu gewonnene Freiheit auch im richtigen Sinne gelehrt werde.

Das erschien umso notwendiger, als die französische Herr-schaft ihre segensreichen Wirkungen nur bedingt entfalten konnte. Der weitgehende Zusammenbruch der alten sozialen Sicherungssysteme, die von den Kirchen, Klöstern und den *scuole* getragen worden waren, konnte durch staatliche Wohl-fahrtsmaßnahmen kaum ansatzweise aufgefangen werden. Die einstige «Stadt der Vergnügungen» entwickelte sich binnen Kurzem zur Stadt der Bettler. 1802 berichtete der deutsche Schriftsteller Johann Gottfried Seume auf seinem «Spaziergang nach Syrakus» vom Besuch an der Lagune: «Das Traurigste ist in Venedig die Armut und Bettelei. Man kann nicht zehn Schrit-te gehen, ohne in den schneidendsten Ausdrücken um Mitleid angefleht zu werden. Und der Anblick des Elends unterstützt das Notgeschrei des Jammers.»

Die Mittelschicht sah sich existenziell vom Zusammenbruch des Handels getroffen; dieser war zunächst durch die 1806 von Napoleon verkündete Kontinentalsperre, dann 1813/14 durch eine englische Handelsblockade praktisch zum Erliegen gekommen. Gegenüber den 10 884 im Jahr 1796 registrierten Händlern aller Art gab es 1825 nur mehr 3628; von den 49 Glasbläsereien auf Murano hatten 1814 lediglich vier überlebt. Am eindrucksvollsten veranschaulicht den Niedergang der Stadt vielleicht die Zahl der Gondeln: Gegenüber den 9000 bis 10 000, von denen Francesco Sansovino zur Glanzzeit Venedigs am Ende des 16. Jahrhunderts zu berichten wusste, war sie schon in der Spätphase der Republik auf rund 3000 zurückgegangen; 1824 aber waren es dann noch gerade einmal 200 Gondeln. Den sinkenden Einnahmen stand eine gleichzeitig rapide wachsende Steuerlast gegenüber, da auch Venedig seinen Beitrag zur Finanzierung der napoleonischen Kriege zu leisten hatte: Im Vergleich zu den letzten Jahren der Markus-Republik stieg die Steuerbelastung um 780 Prozent. Die Bevölkerungszahl aber sank in den anderthalb Jahrzehnten zwischen 1795 und 1810 von gut 140 000 auf 106 000 Einwohner.

Geradezu erdrutschartig verlief schließlich der Zusammenbruch der einstigen Führungsschicht. Die Angehörigen der einflussreichen Patrizierfamilien waren über die Jahrhunderte hinweg an eine konsensuelle Herrschaftsausübung auf der Basis ständischer Privilegien gewöhnt; nach dem Ende dieser Privilegien und dem damit verbundenen Verlust politischer und wirtschaftlicher Ressourcen fehlte es ihnen an der mentalen Biegsamkeit, sich mit den neuen Verhältnissen und den neuen Machthabern zu arrangieren. Innerhalb von nur einer Generation, zwischen 1797 und 1820, mussten rund 700 von 1100 Patrizierfamilien ihre Besitzungen auf der *terra ferma* und ihre Palazzi in Venedig verkaufen. Und auf dem Rialto-Markt begegnete Mozarts einstiger Librettist Lorenzo da Ponte 1798 bei einem Besuch seiner Heimatstadt dem Neffen eines führenden Politikers der verblichenen Markus-Republik, der sein Dasein als Fischverkäufer fristete.

Doch nicht nur für die Venezianer änderte sich in dem knappen Jahrzehnt der Franzosenherrschaft mehr als im ganzen vorangegangenen Jahrhundert – auch das Erscheinungsbild der Stadt wandelte sich nachhaltig. Neben zahlreichen Kirchen und Palästen verschwanden auch erste Kanäle, um Promenaden

Platz zu machen. Der Abriss der Ordenshäuser von San Niccolò und San Antonio im östlich gelegenen Stadtteil Castello erfolgte, um dort in den Jahren zwischen 1808 und 1812 die Parkanlagen zu schaffen, die als *giardini pubblici* bis heute bestehen. Auch für die Toten wurde Sorge getragen, dergestalt, dass sie gemäß den Wünschen der neuen Zeit aus dem Leben verschwanden. An die Stelle der vielen Kirchhöfe, auf denen die Verstorbenen über die Jahrhunderte hinweg beigesetzt worden waren, trat die Friedhofsinsel San Michele in Isola, die bis heute den venezianischen Zentralfriedhof darstellt. Schließlich wurde auch der Markus-Platz als traditionelles Herrschaftszentrum von einschneidenden Baumaßnahmen getroffen, denen unter anderem die von Jacopo Sansovino entworfene Kirche San Geminiano zum Opfer fiel. Alles in allem wird man sagen können, dass Venedigs Aufbruch in die Moderne in den Jahren der Franzosenzeit durchaus typisch verlief, sowohl im Hinblick auf die tiefgreifende Wirkung der Veränderungen als auch hinsichtlich der zeitlichen Beschleunigung der Wandlungsprozesse.

Unter dem Doppeladler

Mit dem Ende Napoleons endete 1814 zugleich das von ihm geschaffene Königreich Italien. Im restaurierten Europa des Wiener Kongresses fand Venedig dann 1815 seinen Platz an der Seite der Lombardei erneut im Habsburger Vielvölkerstaat, als Teil des Königreichs Lombardo-Venetien. Die österreichische Verwaltung bemühte sich in der Folgezeit durchaus, die in den Jahrzehnten der Revolution geschlagenen Wunden zu heilen. An der Spitze der neuen administrativen Strukturen stand ein Vizekönig aus dem Kreis der habsburgischen Erzherzöge; seit 1817 war dies Erzherzog Rainer, der schon bald nach Amtsantritt seinem Bruder, Kaiser Franz I., die Lage der Lagunenstadt in düsteren Farben schilderte: überall Ruinen, überall verfallende Paläste, Arbeitslose, Massen von Bettlern – kurz, Zustände, die es nur zu verständlich machten, dass aufs Festland fliehe, wer immer dazu in der Lage sei. In der Tat verließen allein zwischen 1813 und 1818 weitere 12 000 Venezianer die Stadt, die mit nicht einmal mehr 100 000 Einwohnern kaum die Hälfte der Bevölkerung in ihrer Glanzzeit zählte.

Dauerhafte Besserung konnte nur die Förderung des vollkommen darniederliegenden Handels bringen. Ein erster wichtiger Schritt war dabei die Erklärung Venedigs zum Freihafen, die 1829 endlich erfolgte. Auch der Ausbau des Militärhafens, die Wiederbelebung des Arsenals als Werft der österreichischen Flotte und die Einrichtung einer Seekadettenschule zur Ausbildung von Marineoffizieren (deren Kommandosprache übrigens bis 1866 Italienisch blieb) wirkten sich positiv aus. Allein im Arsenal fanden um die 3000 Handwerker eine neue Arbeitsstelle.

Im Laufe der 1830er Jahre führten dann die Bemühungen der österreichischen Verwaltung, die weitaus mehr von den Provinzgouverneuren als dem eher repräsentativ tätigen Vizekönig ausgingen, zu einem erkennbaren Aufschwung. Dabei spielte der Ausbau des Straßennetzes und der Wasserwege in Oberitalien ebenso eine wichtige Rolle wie die neue Eisenbahnlinie Mailand – Venedig. Nach knapp fünfjähriger Bauzeit überquerte am 4. Januar 1846 der erste Zug den Bahndamm durch die Lagune und hielt im Bahnhof Venezia Santa Lucia. Dadurch verbesserten sich die Transportmöglichkeiten, doch stellte die Eröffnung der Bahnlinie zum Festland nicht nur aus diesem Grund einen Einschnitt in der Geschichte der Stadt dar: Sie war auch die letzte Etappe in dem langsamen Wandel Venedigs von einer nach Osten orientierten See- zu einer nach Westen ausgerichteten Landstadt. Bisher hatten die weitaus meisten Besucher die Stadt vom Meer aus erreicht und sie im *bacino di San Marco* im Angesicht des Dogenpalasts betreten. Das änderte sich nun grundlegend. Auch verkehrstechnisch hatte die Moderne Venedig endgültig erreicht.

Doch trotz des wirtschaftlichen Aufschwungs und einer im ganzen zuverlässig arbeitenden Verwaltung sah sich die habsburgische Herrschaft in Norditalien mehr und mehr den Angriffen der italienischen Nationalisten ausgesetzt, deren Ziel in der staatlichen Einigung der Apenninenhalbinsel bestand. Die seit langem herrschende Unzufriedenheit mit der Präsenz der Österreicher, die man als Fremdherrschaft empfand, mit der Pressezensur und der Verhaftung nationalliberaler Kritiker führte nach Missernten in den Jahren 1846 und 1847 im Frühjahr 1848 zu Unruhen in ganz Norditalien. Die Mehrheit der Bevölkerung wünschte den Anschluss an das Königreich Sardinien-Piemont unter Führung des savoyischen Herrscherhauses.

Auf die Nachricht von revolutionären Ereignissen in Wien hin brach auch in Venedig am 22. März die Revolution aus. Eine provisorische Regierung unter der Führung des Rechtsanwalts Daniele Manin rief die Demokratische Republik Venetien aus. Sie verkündete am 3. Juli den Anschluss an das Königreich Piemont, das sich im Krieg mit Österreich um die oberitalienischen Provinzen befand. Die habsburgischen Beamten in Venedig, an der Spitze der Gouverneur Aloys Graf Palffy, erwiesen sich als vollkommen überfordert mit der Lage, so dass die Revolutionäre zunächst leichtes Spiel hatten.

In Wien allerdings zeigte man sich keineswegs geneigt, die oberitalienischen Besitzungen einfach aufzugeben. Österreichische Truppen schlossen die Lagunenstadt im Herbst 1848 ein. Nach der schweren Niederlage der Piemontesen bei Novara am 23. März 1849 schwand auch die Hoffnung der Verteidiger auf Entsatz von außen. Dennoch ging der ungleiche Kampf zunächst weiter: auf der einen Seite 16 000 schlecht ausgebildete und ausgerüstete Italiener, auf der anderen Seite 30 000 kriegserfahrene Männer unter dem Befehl des Generals Julius von Haynau, der zum Durchgreifen fest entschlossen war. In der ausgehungerten Stadt brach eine verheerende Choleraepidemie aus, der Tausende zum Opfer fielen. Am 29. Juli 1849 begannen die österreichischen Truppen dann eine 24 Tage dauernde Beschießung, am 22. August kapitulierte Venedig und wurde vier Tage später erneut von den Österreichern besetzt.

Die Folgen der gescheiterten Revolution bestanden in einem weiteren Ausbluten der Stadt. Der Aufschwung, wie er sich seit den späten 1830er Jahren abzuzeichnen begonnen hatte, fand ein jähes Ende durch den Krieg, die mit ihm verbundenen finanziellen Lasten, durch Epidemien und den blockierten Handel; hinzu kam, dass der Stadt ihr Status als Freihafen aberkannt wurde. Vielleicht schwerer noch aber wog, dass mit der Rückkehr der Österreicher ein neuerlicher Exodus begann. Nicht nur die Protagonisten der Revolution wie Daniele Manin verließen Venedig, sondern auch viele von denen, die das vereinte Italien im Stillen erträumten – vor allem Angehörige der bürgerlichen Mittelschicht.

Es dauerte bis 1854, ehe das Kriegsrecht in Venedig aufgehoben wurde. In der Folgezeit bemühte sich die österreichische Verwaltung um Zurückhaltung. Im Jahr 1855 stattete Kaiser Franz Joseph mit seiner Gattin Elisabeth, der berühmten Sissi, der Stadt einen Besuch ab. Bei dieser Gelegenheit erteilte er dem Maler Jacopo d'Andrea den Auftrag zu einem Gemälde, das den festlichen Empfang Albrecht Dürers durch seine italienischen Malerkollegen im Jahr 1506 darstellen sollte. Das schon im Jahr darauf in Venedig ausgestellte Werk (Abb. 11) zeigt den deutschen Maler am linken Bildrand, den Blick zu den italienischen Kollegen gewandt, die ihn im Halbkreis umgeben. Ins Gespräch mit ihm vertieft ist der bartlose Giovanni Bellini, daneben sieht man Tizian im Profil, während Giorgione mit dramatischer Geste in die Saiten einer überdimensionalen Laute greift. Damit versinnbildlicht er die Verbindung zwischen Malerei und Musik, so wie das gemütvolle Künstlertreffen vor dem im Hintergrund erkennbaren Ensemble von Dogenpalast und San Marco-Campanile kulturelle Einheit in nationaler Vielfalt zelebriert. Der deutsche Gast fand, so die hochpolitische Aussage des Gemäldes, im Kreise der gleichgesinnten Künstlerkollegen jene freundliche Aufnahme, die ideelle Gemeinsamkeiten über Unterschiede der nationalen Herkunft stellt.

Doch ungeachtet solch künstlich-künstlerischer Verklärungen einer multikulturellen Gesellschaft *avant la lettre* im habsburgischen Staatsverband endete ein Jahrzehnt später Venedigs Zeit unter österreichischer Herrschaft. Schon 1859 musste Österreich nach der Niederlage bei Solferino gegen eine französisch-piemontesische Armee im Frieden von Villafranca die Lombardei an Piemont abtreten. Damit schien es nicht nur in den Augen der italienischen Nationalisten nur noch eine Frage der Zeit zu sein, bis auch das Veneto aus habsburgischem in savoyischen Besitz übergehen würde.

11 Domenico Gandini nach Jacopo d'Andrea, Giovanni Bellini und Albrecht Dürer werden von venezianischen Künstlern gefeiert, 1856

Das Jahr 1866 sah dann das erst am 17. März 1861 ausgerufene Königreich Italien unter König Vittorio Emanuele II. als Verbündeten Preußens, das mit Österreich um die Vorherrschaft im Deutschen Bund rang. Die Gelegenheit schien günstig, die K. u. K.-Monarchie in einem Zwei-Fronten-Krieg ohne größeres militärisches Risiko zu besiegen und danach Gebietsabtretungen zu erzwingen. Das österreichische Angebot, das Veneto kampflos abzutreten, wenn Italien nur bereit wäre, nicht in den Krieg einzugreifen, lehnte die italienische Regierung ab, denn man wollte mehr: Auch Trient und Südtirol, die Hafenstadt Triest und ausgedehnte Besitzungen an der dalmatinischen Küste sollten zu Provinzen des neuen Königreichs werden.

Doch scheiterten die hochfliegenden Ambitionen der italienischen Politiker an der Leistungsfähigkeit des italienischen Militärs. Bereits zwei Tage nach Beginn der Feindseligkeiten wurde die italienische Armee am 25. Juni von den zahlenmäßig weit unterlegenen Österreichern bei Custoza geschlagen. Vier Wochen später, am 20. Juli 1866, fügte dann die österreichische Flotte, die ihrem Gegner auf dem Papier ebenfalls nicht im Entferntesten gewachsen war, unter der energischen und taktisch brillanten Führung des Konteradmirals Wilhelm von Tegetthoff dem italienischen Adria-Geschwader in der Seeschlacht bei Lissa eine demütigende Niederlage zu. Sie wurde begleitet vom Hohngelächter ganz Europas.

Entschieden jedoch wurde der Krieg durch den preußischen Sieg am 3. Juli bei Königgrätz. Um zum Frieden zu kommen, sah sich Kaiser Franz Joseph gezwungen, das Veneto abzutreten. Doch nach den bitteren Niederlagen bei Custoza und Lissa wurde selbst dieses Minimalziel der italienischen Politiker nur im Gefolge einer diplomatischen Demütigung erreicht. Die Österreicher überließen nämlich das Veneto nicht etwa Italien, sondern dem französischen Imperator Napoleon III. Der wiederum hatte der italienischen Regierung die Abhaltung einer Volksabstimmung versprochen, die dann am 19. Oktober 1866 eine überwältigende Mehrheit für den Anschluss an das Königreich Italien ergab.

Im Königreich Italien

In den Jahrzehnten, die auf die Eingliederung Venedigs in den italienischen Nationalstaat folgten, erlebte die Stadt einen wirtschaftlichen und demographischen Aufschwung, der freilich an Grenzen stieß – jene Grenzen der Modernisierbarkeit, die Venedig durch seine Lage im Wasser gezogen waren. Es fehlte vor allem an Platz für moderne Industriebauten. Einige wenige, wie die Brauerei Dreher oder die Großmühle Stucky, entstanden auf der Giudecca, andere, etwa die Eisengießerei Neville, am nördlichen Stadtrand, doch blieb es bei einzelnen Betrieben, da sich das Stadtgebiet nun einmal nur unwesentlich vergrößern ließ.

Unpraktisch waren und blieben zudem die Transportbedingungen. Noch im Dezember 1866 setzte der neue Bürgermeister Giovanni Battista Giustinian eine Kommission ein, die sich mit der grundlegenden «Reform der Straßen und Kanäle in der Stadt Venedig» beschäftigen sollte. Nicht selten sahen solche

«Reformen» das schlichte Zuschütten von Kanälen vor, um sie zu Promenaden zu machen: In der Zeit vom Ende der Republik 1797 bis 1966 verschwanden nicht weniger als fünfzig Kanäle mit einer Gesamtlänge von knapp acht Kilometern. Dennoch blieben die Transportmöglichkeiten prekär. Um wenigstens das mühsame Umladen der Waren zu erleichtern, entstand neben den Bahngleisen des Bahnhofs Santa Lucia eine neue Hafenanlage. Venedig profitierte von ihr nachhaltig und war 1906 wieder nach Genua der wichtigste italienische Handelshafen. Doch auf die Dauer führte der wachsende Platzbedarf von Handel und Verkehr dazu, dass ganz neue Lösungen erwogen und schließlich beschlossen wurden. Ab 1917 entstand der neue Festlandshafen Porto Marghera, der sich in den Jahren zwischen den Weltkriegen zu einem bedeutenden Industriestandort entwickelte.

Allerdings mangelte es nicht nur an Platz für industrielle Anlagen, es mangelte ebenso an Wohnraum für die Menschen, die in den vorhandenen Betrieben arbeiteten. Die Lebensbedingungen der einfachen Leute hatten sich seit dem Untergang der Markus-Republik entschieden verschlechtert. Tausende von Arbeitern fristeten ihr Dasein in winzigen Erdgeschossbehausungen, was in Venedig, wo es keine Keller gibt, bedeutete: in dunklen, feuchten, übelriechenden Löchern. 1886 ließ die Stadtverwaltung einen *piano regolatore* (Stadtbauplan) ausarbeiten, der die Bausubstanz insgesamt, vor allem aber die Wohnsituation der Arbeiterklasse verbessern sollte; angesichts einer kontinuierlichen Bevölkerungszunahme von etwa 120 000 Einwohnern 1868 auf über 160 000 im Jahre 1911 erschien dies dringend geboten.

Doch brachten die Modernisierungsprobleme noch ganz andere und sehr viel radikalere Lösungsvorschläge hervor. So entwickelte der venezianische Lokalpolitiker und spätere römische Senator Pietro Manfrin in den 1870er Jahren ein Konzept zur Trockenlegung der Lagune. In der Vergangenheit habe das Wasser Venedig geschützt, gestand Manfrin zu, aber nun entspreche die Lage der Stadt nicht mehr den «Anforderungen der modernen Gesellschaft» und «behindere den Fortschritt». Platz werde benötigt, und der sei nur zu beschaffen, wenn die überflüssigen Kanäle endlich modernen Straßen wichen. Nur ein Hafen müsse erhalten bleiben, dann könne die Stadt bald auch wieder mit dem alten Rivalen Genua um den Rang der führenden Handelsmetropole auf der Apenninenhalbinsel konkurrieren.

In dieselbe Richtung gingen einige Jahrzehnte später und im Ton um einiges aufgeregter die Forderungen der Futuristen um Tommaso Marinetti, Umberto Boccioni und Carlo Carrà. 1910 verteilten sie Flugblätter in der Stadt, die sie als die «Größte Kloake des Passatismus» (womit sie eine fortschrittsskeptisch-reaktionäre Geisteshaltung meinten) charakterisierten. In diesen Flugblättern erklärten sie sich entschlossen, die Venezianer endlich aus ihrem «großen nostalgischen Traum» zu wecken, um der Stadt den längst überfälligen Anschluss an das Industriezeitalter zu ermöglichen. Der Weg dahin sei klar: «Beeilen wir uns, die kleinen stinkenden Kanäle mit dem Schutt der alten, zerbröselnden und leprösen Paläste zu füllen.» Dann entstünde schon bald jenes «industrielle und militärische Venedig, das die Adria beherrschen kann».

Solche Töne und Ideen mochten in Intellektuellenkreisen durchaus Anklang finden, mehrheitsfähig aber waren sie nicht. Allerdings lassen sie ein Problem erkennen, das seit Beginn des 19. Jahrhunderts kontinuierlich an Bedeutung gewonnen hatte, nämlich das Auseinanderfallen des Venedigs der Venezianer auf der einen Seite und des Venedigs der Besucher auf der anderen. Deren Zahl wuchs beständig. Das suggestive Bild von der morbiden Schönheit einer todgeweihten Reminiszenz an die großen Tage der europäischen Geschichte, wie es mit ganz unterschiedlichen Akzenten Lord Byron und John Ruskin, August von Platen oder Alfred de Musset entwarfen, verfehlte seine Wirkung auf die Phantasie der Romantiker nicht – freilich ebenso wenig auf die Neugierde der Massen, welche die Ästheten so abgrundtief verachteten. Die Besucherzahlen wuchsen rasch, von etwa 50 000 im Jahre 1850 auf 160 000 1883, und 1907 wurden bereits 3,5 Millionen Touristen gezählt.

Eine zusätzliche Dynamik gewann die Tourismusbranche durch die internationale Kunstausstellung der Stadt Venedig, besser bekannt als «Biennale». Auf Initiative des Bürgermeisters Riccardo Selvatico und unter der Leitung von Generalsekretär Antonio Fradeletto fand sie seit 1895 in zweijährigem Rhythmus statt. Ungeachtet ihres Titels einer «Zweijährigen Ausstellung zeitgenössischer Kunst» präsentierte die Biennale zunächst vorzugsweise die Werke akademischer und arrivierter Künstler, um dem eher konservativen Geschmack der meisten Venedig-Besucher entgegenzukommen. Durch diese Berücksichtigung der Besucherinteressen und nicht zuletzt dank der konsequenten Unterstützung durch die Stadtregierung erwies sich die Biennale als durchschlagender Erfolg. Schon die erste Ausstellung von 1895 zählte 224 000 Besucher, im Jahre 1909 sahen die achte Biennale bereits fast doppelt so viele Gäste (437 000).

Einher ging die steigende Zahl der Touristen mit einer schleichenden Veränderung der Stadt. Immer mehr alte venezianische Familien sahen sich gezwungen, ihre Paläste zu verkaufen, die nunmehr die neue Aufgabe bekamen, die wachsenden Besucherströme aufzunehmen: indem sie entweder in praktische Apartmentwohnungen umgebaut wurden oder in Hotels. So zählt etwa der Palazzo Dandolo an der Riva degli Schiavoni bereits seit 1822 als Hotel Danieli zu den elegantesten Absteigen der Stadt. Die meisten Touristen wohnten freilich wesentlich bescheidener und stellten eher schlichte Ansprüche an ihren Aufenthalt, über die sich wie so viele Intellektuelle auch der deutsche Theaterkritiker Alfred Kerr mokierte:

«Horch! Die Campanile Glocken!»
Pirna macht sich auf die Socken,
Herrlich an der Adria
Liegt das Café Quadri! Ja!
Lehrerinnen, säch'sche Grazien
Sitzen vor den Procurazien – –
Wo das blonde Frauenbild
«Ober! Einen Wääärmuth!» brüllt.

Die literarisch wohl folgenreichste Verknüpfung von ambivalent gezeichnetem Venedig-Bild und sensibler Zeitgeistdiagnose gelang Thomas Mann in seiner berühmten, 1912 erschienenen

Novelle «Der Tod in Venedig». In der Geschichte vom Untergang des Dichters Gustav von Aschenbach beschreibt Mann den vergeblichen Fluchtversuch seines Helden aus der ungesunden Traumstadt und lässt dabei alle Leitmotive der Venedig-Wahrnehmung in der Endphase des bürgerlichen Zeitalters anklingen: «Am nächsten Gondel-Halteplatz nahm er ein Fahrzeug und ließ sich durch das trübe Labyrinth der Kanäle unter zierlichen Marmorbalkonen hin, die von Löwenbildern flankiert waren, um glitschige Mauerecken, vorbei an trauernden Palastfassaden, die große Firmenschilder im Abfall schaukelnden Wassers spiegelten, nach San Marco leiten. Er hatte Mühe dorthin zu gelangen, denn der Gondolier, der mit Spitzenfabrikanten und Glasbläsern im Bunde stand, versuchte überall, ihn zu Besichtigungen und Einkauf abzusetzen, und wenn die bizarre Fahrt durch Venedig ihren Zauber zu üben begann, so tat der beutelschneiderische Geschäftsgeist der gesunkenen Königin das Seine, den Sinn wieder verdrießlich zu ernüchtern.»

Die Ernüchterung, die Gustav von Aschenbach so gut getan hätte wie den futuristischen Avantgardisten mit ihren nationalistischen Träumen von der Beherrschung der Adria, Träumen, die so viele bürgerliche Intellektuelle im Königreich Italien schon so lange träumten und die unüberhörbar auch in Venedig ihre Anhänger hatten, diese Ernüchterung stellte sich schon drei Jahre nach dem Erscheinen des «Tod in Venedig» ein. Nach langem Taktieren zwischen der Entente und den Mittelmächten und sorgsamer Abwägung der Frage, auf welcher Seite im Falle des Kriegseintritts die größere Beute winke, entschloss sich die italienische Regierung unter Ministerpräsident Antonio Salandra am 23. Mai 1915, Österreich-Ungarn den Krieg zu erklären.

Dadurch wurde Venedig auf einen Schlag von einer Touristen- zu einer Frontstadt, die sehr bald die neuen technischen Möglichkeiten der Kriegsführung zu spüren bekam. Am 24. Oktober 1915 zerstörte ein Bombentreffer Giambattista Tiepolos Deckenfresko «Engel bringen die Santa Casa di Nazareth nach Loreto» in der Karmeliterkirche Santa Maria degli Scalzi (Abb. 12). Zeitweise konnte man an der Lagune den Geschützdonner der Front hören, und nach der katastrophalen italie-

12 Santa Maria degli
Scalzi nach dem
österreichischen
Bombenangriff vom
24. Oktober 1915

nischen Niederlage bei Caporetto im Oktober 1917 wurde
der Vormarsch österreichischer und deutscher Truppen erst
zwanzig Kilometer nördlich von Venedig an den Ufern des
Piave gestoppt. Schwerer noch als die Bombenschäden trafen
die Stadt Hunger, Inflation und Korruption, denen städtische
und staatliche Behörden vergeblich zu begegnen suchten, so
dass es zu Streiks und öffentlichen Unruhen kam. Zudem
wurden rund 70 000 Venezianer in sichere Städte auf dem Festland evakuiert. Nach Kriegsende im November 1918 kehrte
zwar die große Mehrheit zurück, doch trug auch dieser Massenexodus nicht unerheblich zur weiteren Auflösung venezianischer Traditionen bei.

Die Ära des Faschismus

Die gesellschaftlichen und wirtschaftlichen Erschütterungen des
Ersten Weltkriegs führten in Venedig wie im übrigen Italien zum
Erstarken der politischen Extreme. Schon 1920 übernahm an
der Stelle des bürgerlich-konservativen Filippo Grimani, der als

sindaco d'oro («goldener Bürgermeister») die Geschicke der Stadt seit 1896 gelenkt hatte, der Nationalist Davide Giordano die Herrschaft in der Ca' Farsetti, dem Sitz der venezianischen Kommunalverwaltung. Nachdem sich die Träume des Weltkriegs von einer «italienischen Adria» unter Einschluss der einstmals venezianischen Besitzungen an der dalmatinischen Küste nicht erfüllt hatten, ging es in den folgenden Jahren darum, der kriegsmüden und -geschädigten Stadt neue wirtschaftliche Impulse zu geben. Federführend wirkten dabei der Aristokrat Graf Piero Foscari, der Industrielle Vittorio Cini und vor allem der «starke Mann» Venedigs in der Zeit zwischen den Weltkriegen: Giuseppe Volpi (1877–1947).

Volpi entstammte einer venezianischen Bürgerfamilie. Nach dem frühen Tod des Vaters nahezu mittellos, gelang dem energischen und wirtschaftlich begabten *selfmade man* ein rascher Aufstieg, der 1904 in der Gründung der «Società adriatica di elettricità» (Sade) vorläufig kulminierte. In den Jahren vor dem Ersten Weltkrieg machte sich Volpi gemeinsam mit Foscari und Cini für die Einrichtung neuer Industriegebiete auf dem Festland stark und warb für jenes *Grande Venezia* (Groß-Venedig), das durch konsequente Modernisierungsmaßnahmen an den Glanz vergangener Zeiten anknüpfen sollte. Nachdem die Bemühungen seit 1917 mit dem Bau des Festlandshafens Porto Marghera Erfolg zeitigten, wuchs der neue Industriestandort rasch. 1926 wurde der Vorort Mestre auf dem Festland von Venedig eingemeindet. Die Zahl der Arbeitsplätze in Marghera verdreifachte sich zwischen 1928 und 1939 von 5000 auf 15000.

Doch wirkten sich die Aktivitäten Volpis, der dank seiner Tätigkeit als Gouverneur Tripolitaniens (1921–1925) und als italienischer Finanzminister (1925–1928) über beste Kontakte zum «Duce» Benito Mussolini verfügte, nicht nur im wirtschaftlichen Bereich aus. Während immer mehr Bewohner aus den traditionellen Arbeitervierteln Giudecca und Castello auf das Festland in die neu entstehenden Siedlungen umzogen, stieg die Anziehungskraft der Altstadt für Gäste durch die systematische Professionalisierung der Tourismusbranche. Dazu trug nicht nur eine Verbesserung der Infrastruktur durch den Bau der Autobrücke bei, die seit 1932 vom Festland zur Piazzale Roma neben dem Bahnhof Venezia Santa Lucia führte, sondern auch eine intensive Ausstellungstätigkeit. So nahmen an der Biennale 1928 bereits fünfzehn Länder teil; zwei Jahre später gelang es Volpi, mittlerweile Präsident der Biennale, sie in staatliche Trägerschaft zu überführen. Auf die Weltwirtschaftskrise und den mit ihr verbundenen Rückgang der Besucherzahlen reagierte Volpi mit neuen Werbemaßnahmen und vor allem einer weiteren Auffächerung des kulturellen Angebots: 1932 fand unter dem Patronat Mussolinis auf dem Lido erstmals die «Mostra Internazionale d'Arte Cinematografica» statt. Das weltweit erste internationale Filmfestival erzielte einen durchschlagenden Erfolg und trug wesentlich dazu bei, dass Venedig sich, anders als Rom oder Florenz, nach und nach als Metropole auch für moderne und zeitgenössische Kunst etablieren konnte. Daneben standen bedeutende Ausstellungen «Alter Meister». Allein 1929 sahen nicht weniger als 350000 Besucher die große Ausstellung von Gemälden aus dem Italien des 18. Jahrhunderts («Settecento Italiano»). 1935 gelang es Volpi, über einhundert Tizian-Gemälde zusammentragen zu lassen und damit die bis heute bedeutendste Ausstellung mit Werken dieses Malers zu organisieren.

Dank der Besucher aus aller Welt, die von den kulturellen Großereignissen angezogen wurden, blieb die Atmosphäre in Venedig bis kurz vor dem Ausbruch des Zweiten Weltkriegs weitaus offener, ja, kosmopolitischer als im übrigen Italien. Was nicht heißt, dass die Stadt von den Folgen des Faschismus verschont geblieben wäre. Als sich nach dem italienischen Überfall auf Äthiopien 1935 die Ernährungslage durch den vom Völkerbund gegen Italien verhängten Boykott drastisch verschlechterte, fand sich schon bald am Sockel des berühmten Colleoni-Denkmals in Venedig ein Anschlag in venezianischem Dialekt: «E ti, ch ti g'ha el stomego di fero / mágnite 'sti paneti de l'Impero» («Und du, der du einen Eisenmagen hast, iss nur die Brötchen dieses Imperiums»). Mit der immer stärkeren Anlehnung Italiens an das nationalsozialistische Deutschland aber, dessen «Führer» Adolf Hitler die Lagunenstadt bei einer seiner ersten Auslandsreisen im Juni 1934 besucht hatte, setzte die Diskriminierung der gut 2000 in Venedig lebenden Juden ein. Durch den Erlass der Rassegesetze im Herbst 1938 wurden jüdisch-christliche Eheschließungen verboten, und die Juden fanden sich aus allen kulturellen, künstlerischen, wissenschaftlichen und sportlichen Institutionen ausgeschlossen, ebenso aus dem Militär und der faschistischen Partei, dem PNF (Partito Nazionale Fascista).

Nicht anders als im übrigen Italien war auch in Venedig die Zustimmung zu den Rassegesetzen von Anfang an gering. Die wachsende Diskriminierung der Juden stieß zunehmend auf Ablehnung. Und mit dem von Mussolini durchgesetzten Eintritt Italiens in den Zweiten Weltkrieg am 10. Juni 1940 sank der Rückhalt des faschistischen Regimes bei der Bevölkerung rapide. Dementsprechend löste die Nachricht von Mussolinis Sturz am 25. Juli 1943 auch in Venedig öffentlichen Jubel aus. Doch auf ein kurzes Aufflackern des politischen Lebens folgte bereits am 11. September der «Fall Achse», die Besetzung Nord- und Mittelitaliens durch die Wehrmacht. Im Dezember 1943 begann die Deportation der venezianischen Juden durch die deutschen Besatzer, in deren Folge 246 Menschen in den Vernichtungslagern umgebracht wurden; der großen Mehrheit der Juden jedoch gelang die rechtzeitige Flucht, oder sie wurden von Freunden in Venedig selbst oder auf der *terra ferma* versteckt.

Auf Mussolinis «Republik von Salò» reagierte die Bevölkerung mit kühler Ablehnung. Im Januar 1944 zählte die neugegründete faschistische Partei in Venedig ganze 4140 Mitglieder, gegenüber 88 684 Parteiangehörigen vor dem Sturz des «Duce». Ein Polizeibericht konstatierte: «Die Bevölkerung ist des Faschismus müde; sie glaubt nicht an die Möglichkeit neuen Erfolgs und ist vor allem über die wachsenden Schwierigkeiten des Alltagslebens besorgt.» Während die Versorgung mit – längst rationierten – Lebensmitteln immer dürftiger wurde, kam es zu kleinen, aber heftigen Kämpfen zwischen Partisanenkommandos und der Wehrmacht. Am 26. Juli 1944 zerstörte eine Bombe die Ca' Giustinian, den Sitz des deutschen Militärkommandos. Doch insgesamt blieb das historische Stadtzentrum während des

Zweiten Weltkriegs von Zerstörungen größtenteils verschont. Nach dem Abzug der deutschen Truppen wehte am 28. April 1945 auf dem Markus-Platz wieder die italienische Trikolore.

Auf dem Weg nach Disneyland

Am Ende des Zweiten Weltkriegs war Venedig eine italienische Stadt – nicht wie viele andere, aber doch eine Stadt, die dicht bewohnt war von einer einheimischen Bevölkerung mit ausgeprägten lokalen Traditionen und die mit all den Problemen zu kämpfen hatte, mit denen auch viele andere italienische Kommunen rangen. Das aber sollte sich in den folgenden siebzig Jahren gründlich ändern.

Denn das heutige Venedig ist kaum mehr das Venedig der Venezianer. Keine andere Stadt der westlichen Welt hat einen auch nur entfernt so spektakulären demographischen Niedergang erlebt wie die Stadt in der Lagune. Noch 1952 lebten im *centro storico*, der historischen Altstadt, mehr als 174 000 Menschen. Wenig später setzte der dramatische Niedergang der Industriebetriebe in den Randgebieten des historischen Stadtzentrums ein, und mit ihm begann der Massenexodus. Er kostete Venedig binnen eines einzigen Jahrzehnts ein rundes Fünftel seiner Einwohner, von denen 1961 nur mehr 137 150 gemeldet waren. Das Aussterben der Stadt schreitet seither unaufhaltsam voran: Im Jahre 2010 wurde erstmals die Schwelle von 60 000 Bewohnern unterschritten. Es scheint, als sei der Verdrängungswettbewerb zwischen den Einheimischen und den Touristen entschieden.

Denn das Verschwinden der Venezianer geht einher mit einer wachsenden Vereinnahmung der Stadt durch die Fremden. Ein Hauptproblem stellen dabei die Mietpreise dar, die durch zahlungskräftige Venedig-Liebhaber aus der Oberschicht immer weiter steigen, sowie die fortschreitende Umnutzung von ehemaligen Wohngebäuden als Hotels und Pensionen. Allein zwischen 2000 und 2007 stieg die Zahl der *bed and breakfast*-Unterkünfte um 1008 Prozent, mit anderen Worten: sie verzehnfachte sich. Im gleichen Zeitraum öffneten in der historischen

Altstadt 41 neue Hotels ihre Pforten, zum größten Teil in ehemaligen Patrizier-Palästen. Die kaum mehr 60 000 Venezianer erhalten Jahr für Jahr Besuch von bald 20 Millionen Touristen, von denen rund drei Viertel nur tagsüber bleiben und dadurch weder dem Handel noch den kommunalen Einnahmen wesentlich nutzen.

Die Folgen des scheinbar unaufhaltsam anschwellenden Touristenstroms bestehen nicht zuletzt in einer fundamentalen Veränderung der Infrastruktur. In großen Teilen Venedigs ist es inzwischen sehr viel einfacher, eine Karnevalsmaske zu kaufen als ein frisches Brot. Für die Gestaltung eines normalen Alltagslebens mit all den Bequemlichkeiten, die in der westlichen Welt am Beginn des 21. Jahrhunderts als Standard gelten, bietet die Stadt in der Lagune immer schlechtere Voraussetzungen.

Gleichzeitig ist Venedig in höherem Maße als je zuvor von den Einnahmen aus dem Tourismus abhängig, denn die Stadt ist bedrohter als jemals zuvor. Durch den Ausbau der Industriezentren Mestre und Marghera auf dem Festland ist nicht nur die Verschmutzung der Lagune besorgniserregend gestiegen; die unkontrollierte Entnahme von Grundwasser durch die dort ansässigen Industriebetriebe hat auch dazu geführt, dass sich der Lagunenboden kontinuierlich senkt, allein in den letzten drei Jahrzehnten um zwölf Zentimeter. Ebenso kontinuierlich steigt fatalerweise der Wasserspiegel in Adria und Lagune. Die Zahl der *acque alte*, der Hochwasser, bei denen der Markus-Platz und andere tief gelegene Teile der Stadt unter Wasser stehen, hat sich seit dem ersten Jahrzehnt des 20. Jahrhunderts verzehnfacht. Die Hochwasserkatastrophe des 4. November 1966, als das Wasser 1,94 Meter über dem Normalpegel stand, ließ die existenzielle Bedrohung der Stadt schlagartig deutlich werden. In der Folgezeit entstanden zahlreiche Institutionen, die sich die Rettung der einzigartigen Stadt auf ihre Fahnen schrieben. Allein die bedeutendste von ihnen, die Save Venice Inc. mit Hauptsitz in New York, stellt Jahr für Jahr Millionenbeträge für Restaurierungsarbeiten zur Verfügung.

Die vielfältigen Bemühungen zur Rettung der Bausubstanz werden allerdings durch wirtschaftliche Interessen und praktische Alltagsbedürfnisse in ihrer Wirksamkeit beschränkt. Ein beträchtliches Medienecho hat der 2008 erfolgte Kauf des *Fondaco dei Tedeschi* durch einen internationalen Modekonzern gefunden. Die einstige Niederlassung der deutschen Kaufleute in Venedig wurde nach dem Untergang der Markus-Republik als österreichisches Zollamt, dann als italienische Hauptpost Venedigs genutzt und war insofern stets getreuer Spiegel historischer Wandlungsprozesse. Das zumindest würde der Bau als Filiale eines Modekonzerns auch im 21. Jahrhundert bleiben. Die geplanten Umbaumaßnahmen allerdings haben nicht ohne Grund zu einer erbitterten Debatte über die Grenzen der Adaptierung historischer Bausubstanz an die Anforderungen des Tourismus geführt.

Noch viel bedrohlicher als solche einzelnen baulichen Veränderungen ist jedoch der wachsende Schiffsverkehr, der sich für die Stadt zu einer im wahrsten Sinne des Wortes fundamentalen Gefahr entwickelt hat. Die Zahl der gewaltigen Kreuzfahrtschiffe mit mehreren 10 000 BRT, die den Giudecca-Kanal durchqueren und dadurch den Touristen die bequeme Möglichkeit zum Blick auf den Markus-Platz verschaffen, ist zwischen 2000 und 2007 von 200 auf 510 pro Jahr gestiegen – mit fatalen Folgen durch die gewaltigen Bugwellen dieser Giganten. Aber auch der Alltagsverkehr der Vaporetti, der Wassertaxen und Privatboote zerstört durch den von ihnen verursachten Wellengang langsam, aber gründlich die Fundamente der Stadt. Zusammen mit dem steigenden Wasserspiegel stellt diese Erosion der Fundamente nicht nur Venedigs Überleben als lebendiger städtischer Organismus, sondern sogar seine physische Existenz in Frage. Es scheint, als sei die Moderne ihren Gegenentwürfen, auch wenn sich der Protest lediglich in der stillen Form schierer Existenz äußert, nicht zuträglich.

Dank

Auch kleine Bücher verdanken ihre Entstehung vielfältiger Anregung und Unterstützung, für die zu danken zu den entschieden angenehmen Pflichten des Autors zählt. Die Mitarbeiter des Forschungsprojekts «REQUIEM – Die Papst- und Kardinalsgrabmäler der Frühen Neuzeit» Anett Ladegast, Tobias C. Weißmann und Laura Windisch haben mich bei der Arbeit am Manuskript in den unterschiedlichsten Stadien unterstützt. Karin und Leo Zitzlsperger haben mit gewohntem Scharfsinn die Rohfassung des Manuskripts kritisiert. In Wuppertal war Katharina Gührs eine aufmerksame Korrekturleserin, und beim Verlag C.H.Beck hat Stefanie Hölscher als Lektorin das Buch in allen seinen Entstehungsphasen mit ebenso liebenswürdiger wie aufmerksamer Professionalität betreut. Widmen möchte ich die kleine Schrift den Kollegen am Historischen Seminar der Bergischen Universität Wuppertal: als Dank für eine Atmosphäre, in der fachliches Interesse, menschliche Wertschätzung und gegenseitiges Wohlwollen das Bewusstsein dafür wach halten, dass produktive geistige Arbeit auch in Zeiten des Drittmittel-Rankings und der Exzellenz-Initiativen zunächst und vor allem auf einer immateriellen Basis beruht.

Literatur

Grundlage für jede Beschäftigung mit der Geschichte Venedigs ist die monumentale, zwölfbändige «Storia di Venezia» (Rom 1992–2007), in deren Beiträgen die Geschichte der Stadt wie auch des venezianischen Staats unter den verschiedensten Aspekten behandelt wird. In deutscher Sprache stellt das dreibändige Werk von Heinrich Kretschmayr, Geschichte von Venedig, Gotha/Stuttgart 1905–1934, ND Aalen 1964, eine in vielen Einzelpunkten überholte, aufgrund ihres Materialreichtums aber nach wie vor unverzichtbare Studie dar. Im Folgenden sind Einzeltitel aufgeführt, die für den Text von grundlegender Bedeutung waren und/oder für den deutschsprachigen Leser leicht zugänglich sind.

Barcham, William L.: Grand in Design. The life and career of Federico Cornaro, Prince of the Church, Patriarch of Venice and Patron of the Arts, Venedig 2001

Bergdolt, Klaus: Deutsche in Venedig. Von den Kaisern des Mittelalters bis zu Thomas Mann, Darmstadt 2011

Bevilacqua, Piero: Venedig und das Wasser. Ein Gleichnis für unseren Planeten, Frankfurt/M. 1998

Bouwsma, William J.: Venice and the Defense of Republican Liberty, California 1968

Calabi, Donatella (Hg.): Dopo la Serenissima. Società, amministrazione e cultura nell'Ottocento Veneto, Venedig 2001

Chojnacki, Stanley: Women and Men in Renaissance Venice. Twelve essays on patrician society, Baltimore 2000

Concina, Ennio: L'arsenale della Repubblica di Venezia, Venedig 2006

Da Mosto, Andrea: I dogi di Venezia nella vita pubblica e privata, Venedig 1960

Davis, James C.: The Decline of the Venetian Nobility as a Ruling Class, Baltimore 1962

Davis, Robert C.: Shipbuilders of the Venetian Arsenal. Workers and workplaces in the preindustrial city, Baltimore 1991

Domzalski, Oliver Thomas: Politische Karrieren und Machtverteilung im venezianischen Adel (1646–1797), Sigmaringen 1996

Dorigo, Wladimiro: Venezia romanica. La formazione della città medioevale fino all'età gotica, Venedig 2003

Eickhoff, Ekkehard: Venedig. Spätes Feuerwerk. Glanz und Untergang der Republik (1700–1797), Stuttgart 2006

Feldbauer, Peter u. a. (Hgg.): Venedig 800–1600. Die Serenissima als Weltmacht, Wien 2010

Finlay, Robert: Politics in Renaissance Venice, London 1980

Girgensohn, Dieter: Kirche, Politik und adelige Regierung in der Republik Venedig zu Beginn des 15. Jahrhunderts, Göttingen 1996

Goffen, Rona: Piety and Patronage in Renaissance Venice, New Haven/London 1986

Goy, Richard: Stadt in der Lagune. Leben und Bauen in Venedig, München 1998

Gullino, Giuseppe: Storia della Repubblica veneta, Brescia 2010

Howard, Deborah: Jacopo Sansovino. Architecture and patronage in Renaissance Venice, New Haven/London 1985

Huber, Hans Dieter: Paolo Veronese. Kunst als soziales System, Paderborn/München 2006

Hunecke, Volker: Der venezianische Adel am Ende der Republik 1646–1797: Demographie, Familie, Haushalt, Tübingen 1995

Huse, Norbert: Venedig. Von der Kunst, eine Stadt auf dem Wasser zu bauen, München 2003

Ders. und Wolfgang Wolters: Venedig. Die Kunst der Renaissance, München 1986

Landwehr, Achim: Die Erschaffung Venedigs. Raum, Bevölkerung, Mythos 1570–1750, Paderborn 2007

Lane, Frederic C.: Seerepublik Venedig, München 1980 (engl. Orig. Baltimore 1973)

Lebe, Reinhard: Als Markus nach Venedig kam. Aufstieg und Staatskult der Republik von San Marco, Frankfurt/M. 1978

Logan, Oliver: Culture and Society in Venice 1470–1790. The Renaissance and its heritage, London 1972

Martin, John und Dennis Romano (Hgg.): Venice Reconsidered. The history and civilization of an Italian City-State 1297–1797, Baltimore 2000

May, Jan Andreas: La Biennale di Venezia. Kontinuität und Wandel in der venezianischen Ausstellungspolitik 1895–1948, Berlin 2009

Molmenti, Pompeo: La storia di Venezia nella vita privata alla caduta della Repubblica, 7. Aufl., Bergamo 1927–1929

Muir, Edward: Civic Ritual in Renaissance Venice, Princeton 1981

Plant, Margaret: Venice. Fragile city 1797–1997, New Haven/London 1997

Pullan, Brian: Rich and Poor in Renaissance Venice. The social institutions of a catholic state to 1621, Cambridge (Mass.) 1971

Ravegnani, Giorgio: Bizanzio e Venezia, Bologna 2006

Rösch, Eva Sibylle und Gerhard Rösch: Venedig im Spätmittelalter (1200–1500), Würzburg/Freiburg i. Br. 1991

Rösch, Gerhard: Venedig. Geschichte einer Seerepublik, Stuttgart 2000

Rössler, Jan-Christoph: I Palazzi veneziani. Storia, Architettura, Restauri. Il Trecento e il Quattrocento, Venedig 2010

Romano, Dennis: The Likeness of Venice. A life of Doge Francesco Foscari (1371–1457), New Haven 2007

Rosand, David: Myth of Venice. The figuration of a state, Chapel Hill/London 2001

Semrau, Eugen: Österreichs Spuren in Venedig, Wien 2010

Simonsfeld, Henry: Der Fondaco dei Tedeschi in Venedig und die deutsch-venetianischen Handelsbeziehungen, 2 Bde., Stuttgart 1887

Tafuri, Manfredo: Venezia e il Rinascimento, Turin 1985

Ders. (Hg.): «Renovatio Urbis». Venezia nell'età di Andrea Gritti, Rom 1984

Wolters, Wolfgang: Der Bilderschmuck des Dogenpalastes. Untersuchungen zur Selbstdarstellung der Republik Venedig im 16. Jahrhundert, Wiesbaden 1983

Bildnachweis

S. 9: © Archivio Cameraphoto Epoche Srl; S. 15: Piero Codato, Cameraphoto; S. 66/67: © Francesco Turio Bohm, Venedig; S. 109: «Gemme d'arti italiane», Jg. 11, 1858; S. 115: © Archivio Naya-Bohm, Venedig. Die übrigen Abbildungen stammen aus den Archiven des Autors und des Verlags.

Karten im vorderen und hinteren Vorsatz: Peter Palm, Berlin

Personenregister